# 40 ANOS NO AR

Francisco José

# 40 ANOS NO AR

## A jornada de um repórter pelos cinco continentes

GLOBO LIVROS

Texto fixado conforme as regras do Acordo Ortográfico da Língua Portuguesa (Decreto Legislativo nº 54, de 1995).

*Editora responsável:* Amanda Orlando
*Editora assistente:* Elisa Martins
*Preparação de texto:* Maria A. Medeiros
*Revisão:* Laila Guilherme e Carmen T. S. Costa
*Capa e diagramação:* Diego Lima
*Tratamento de imagens:* Roberto Bezerra (capa) e Regina Miyoko (miolo)

1ª edição, 2016

CIP-BRASIL. CATALOGAÇÃO NA PUBLICAÇÃO
SINDICATO NACIONAL DOS EDITORES DE LIVROS, RJ

J71q
José, Francisco
40 anos no ar: a jornada de um repórter pelos cinco continentes / Francisco José. - 1. ed. - São Paulo : Globo, 2016. il.

ISBN 978-85-250-6269-7

1. Reportagem e repórteres. 2. Entrevistas (Jornalismo). 3. Jornalismo. I. Título : 40 anos no ar.

16-34832 CDD: 070.43
CDU: 070.4

Editora Globo S. A.
Av. Nove de Julho, 5229 – 01407-907 – São Paulo – SP
www.globolivros.com.br

No rio Ganges, Índia.

# Sumário

# Prefácio

Boa parte das histórias que você vai ler neste livro, eu tive o privilégio de ouvir narradas pelo Chico, nos fins de tarde de dias de férias, muitas delas em Noronha, onde vamos com nossas famílias sempre que o trabalho nos permite. Os dias com Chico na ilha são intensos. Ele tira todo mundo da cama aos berros de manhã cedinho e lidera uma programação de mergulhos, caminhadas, passeios de barco. Mas na hora da preguiça, antes do jantar, Chico deitado na rede, os pés para fora, embala a narrativa com um movimento suave.

Outras histórias, ouvi viajando pelo Brasil. No meio da Amazônia, ele tem outro nome. É o Cabeça Branca. E quando o nome Cabeça Branca é dito, é sempre com respeito. Não pela idade — os cabelos embranqueceram precocemente. Mas pelas histórias que tantos testemunharam e se espalharam pelas aldeias e povoados ribeirinhos: como ele ajudou a salvar um indiozinho mordido pela cobra; como foi, na coragem, resgatar reféns mantidos por índios sob a ameaça de bordunas; como cruzou rios e igarapés e encontrou famílias isoladas em lagos perdidos no meio da selva.

Do historiador Frederico Pernambucano de Mello, ouvi as origens do Chico. Filho temporão do lendário Chico de Brito, o coronel do

Crato que, segundo o estudioso, era o único homem que metia medo em Lampião. Esse pai, ele perdeu ainda criança. Cresceu no Recife, com o carinho de um novo pai, o padrasto que chegou já com meia dúzia de irmãos. E Chico é um tantinho o coronel do sertão, um tantão o irmão mais velho de muita gente. Nunca conheci coração mais generoso.

Não preciso dizer que Chico é meu herói. É o repórter que os outros repórteres querem ser. Parece personagem dos livros de Júlio Verne. Destemido, desbravador. Mas principalmente um repórter. Um cara que sabe ouvir, sabe apurar e depois contar e fazer com que a gente se sinta um passageiro escondido na viagem dele. Antes de a ecologia virar termo corrente, Chico já apresentava a natureza — aqui no Brasil, na África, nos atóis perdidos do Pacífico — e a necessidade de preservar o meio ambiente. Antes de eu entrar na faculdade, vi Chico indo para a Guerra das Malvinas.

Chico José nunca fugiu de uma matéria difícil. Mas incrivelmente fugia da missão de escrever este livro. Com tanto para compartilhar, pensava só em acumular novas experiências. Foi vencido, no cansaço, pela insistência dos amigos. Ainda bem. Todos os que amamos a reportagem e o bom jornalismo ganhamos acesso às memórias e ao exemplo do Mestre.

SÔNIA BRIDI

Repórter especial da Rede Globo, autora dos livros *Laowai* e *Diário do clima*.

# Apresentação

Um tempo desses, numa roda de jornalistas nos corredores da Globo de São Paulo, a gente procurava analisar de onde viria o "Fenômeno Chico José" na televisão. Cada um deu uma ideia, e faço aqui um resumo:

1. Criatividade e empatia na apresentação dos assuntos e no seu encaminhamento, as passagens;
2. Originalidade, quase sempre também exclusividade nas pautas, em qualquer canto do país ou do mundo;
3. Carisma, emoção e calor humano na narração, adornada por autêntico e valorizado acento nordestino;
4. Admirável disposição física e enorme coragem pessoal, sobre uma pessoa que inspira credibilidade e confiança.

Este livro de Francisco José, tão útil e necessário, vai ser consumido com avidez. Os fatos são contados num tom de conversa, como os momentos de aperto quando o profissional teve de se superar, no mar com um companheiro passando mal, dentro de um carro com revólver na cabeça, numa aldeia indígena tendo de peitar autoridade para conseguir assistência médica para uma jovem.

O livro é uma delícia, um presente e um documento. E, como diz a jornalista Sônia Bridi (ela também um ícone do telejornalismo brasileiro): "Chico José é o repórter que todo repórter gostaria de ser".

**José Hamilton Ribeiro**
Repórter do *Globo Rural* e autor de dezessete livros.

# Introdução

Uma vida dedicada ao jornalismo. Quarenta anos no ar, como repórter da principal emissora de televisão do país. Durante esse tempo, a longa jornada, de um extremo ao outro do planeta, pelos cinco continentes, contando histórias, curtindo a natureza, denunciando crimes ambientais, mostrando os mais diversos ecossistemas aos brasileiros. No topo das montanhas mais altas do continente, no fundo do mar, no frio da cordilheira gelada, no calor dos sertões nordestinos, sempre procurando novas divisas, cruzando fronteiras para aumentar o mapa de conhecimento geográfico dos brasileiros, descobrindo novos lugares, revelando a beleza de um país gigante.

No início da carreira, as reportagens esportivas. Primeiro, no *Jornal do Commercio* do Recife. E, a partir de janeiro de 1976, na Rede Globo. Cobertura de seis Copas do Mundo e duas Olimpíadas. O repórter brasileiro que mais avançou no cenário da Guerra das Malvinas. Trinta anos comandando todos os debates políticos da Globo Nordeste. Acompanhando o mensageiro da paz, o papa João Paulo II, na Coreia e na Tailândia. Mais de vinte anos de trabalhos sucessivos na Floresta Amazônica, cruzando rios e igarapés, das nascentes até a foz. Embrenhado na selva, em contatos pioneiros com índios arredios.

Fomos a primeira equipe de TV a escalar o pico da Neblina, ponto mais alto do país. Atravessamos os desertos de sal em Puna, na Argentina. Percorremos o estreito de Magalhães e o canal de Beagle, na Patagônia. Contornamos o cabo Horn, ponto extremo das Américas, num barco de pesca. A grande travessia do rio Amazonas, desde a verdadeira nascente no alto do Nevado Mismi, nos Andes peruanos. Travessias completas também dos rios Negro, Branco, Tapajós, Guaporé, Madeira, Paraguai, Javari, Solimões, Jaú, Purus e Parnaíba, navegando dias e noites em pequenas canoas.

No meio da selva amazônica, passamos 32 dias numa aldeia indígena onde nunca havia entrado uma câmera de TV. Essa matéria com os enawenê-nawê levou o *Globo Repórter* a ser finalista do Prêmio Emmy, o Oscar da televisão mundial.

Na África, seguimos o curso do rio Okavango, cruzando três países até o delta, por afluentes cheios de hipopótamos e dos grandes crocodilos do Nilo. Nas Bahamas, ficamos cara a cara com os temíveis tubarões-tigre e cabeças-chatas. Visitamos os mais altos vulcões das Américas Central e do Sul. Convivemos com os esquimós no Ártico. Encontramos os pinguins no extremo sul. Na Índia, sentimos a magia do rio Ganges. No Japão, gravamos as comemorações dos cem anos de imigração japonesa no Brasil.

Atravessamos pantanais. Exploramos cavernas. Descemos abismos pelas cordas do rapel. Falei ao vivo, do fundo do mar, para o *Jornal Nacional*, em transmissão inédita. Percorremos as cidades deixadas pela civilização maia, nas selvas da Guatemala, do México e de Belize. Os caminhos dos incas, no Peru. Realizamos uma expedição à cidade perdida dos taironas, na floresta colombiana. Seguimos os passos dos anasazis, os índios que desapareceram misteriosamente no deserto do Oeste americano há mais de setecentos anos.

Cruzamos a América, de leste a oeste, do Atlântico ao Pacífico, pelas piores estradas do continente. Pulei de *bungee jumping* na ponte

Kawarau e mergulhei no vulcão White Island, na Nova Zelândia. Vencemos limites extremos, do sertão nordestino à Oceania.

Acompanhamos os leões nas savanas africanas bem ao lado deles. Fomos à procura das maiores cachoeiras do mundo: Salto Angel, na Venezuela, a mais alta, e as cataratas Victória, no Zimbábue, as mais amplas. Enfrentamos desafios na grande barreira de corais da Austrália. Entramos nos porões dos navios japoneses afundados na maior batalha do Pacífico, durante a Segunda Guerra Mundial, na baía de Chuck Lagoon, na Micronésia. Encontramos os dragões-de-komodo na Indonésia.

Do outro lado do deserto do Saara, no mar Vermelho, no Egito, mergulhamos no *Thistlegorm*, histórico navio afundado no auge da Segunda Guerra. Estivemos com as tartarugas gigantes, em Galápagos, no Equador. Um encontro de tirar o fôlego com centenas de tubarões nas ilhas do oceano Pacífico. Escalamos as montanhas dos Gorilas, de Ruanda e Uganda, em busca dos maiores primatas do planeta. E mostramos como vivem os chimpanzés no seu ambiente natural. Sempre revelando as maravilhas da natureza nos pontos mais distantes da Terra e retornando em seguida para a praia onde os tubarões atacam e matam, em Boa Viagem, no Recife, o lugar que escolhi para viver.

Este livro não é uma obra literária. É apenas o relato de um repórter do sertão que correu o mundo, colhendo imagens e depoimentos que, editados, somam mais de 2 mil reportagens, publicadas nos principais programas do nosso telejornalismo.

O texto é narrativo, bem objetivo, num estilo jornalístico, exatamente como conto as minhas histórias ou como falo na TV, repleto de revelações dos bastidores – tanto o que acontece por trás das câmeras quanto os fatos que não foram ao ar, os micos que nunca são revelados, as falhas nossas, os desencontros e os grandes encontros.

Faço aqui o reconhecimento ao heroísmo do cinegrafista, esse personagem anônimo, que não aparece no vídeo, mas grava as imagens que são a razão de existir da televisão. Dedico este trabalho aos repórteres cinematográficos, que sempre me acompanharam por trilhas muitas vezes inexistentes, inóspitas e arriscadas. Sem os cinegrafistas, não se faz reportagem de vídeo.

Com a câmera no ombro, esses profissionais demonstram coragem, segurança, sensibilidade e arte para levar até o telespectador a prova dos fatos, a paisagem encantadora ou o flagrante do desastre, da violência, de rostos sofridos das crianças desamparadas. Eles gravam as imagens da realidade da vida, da alegria do esporte, das raridades da natureza, da tristeza, das catástrofes.

Ao lado do cinegrafista, sempre há um técnico, que nós chamamos de upjoteiro (termo que tem origem nas UPJ — Unidades Portáteis de Jornalismo) —, nossos companheiros na grande maioria das reportagens. Também é necessário dar o devido reconhecimento aos editores de imagens, que, solitários nas ilhas de edição ou acompanhados pelos editores de texto, realizam um trabalho seletivo e cheio de criatividade. E aos produtores, que abrem as portas, vencem obstáculos e traçam o roteiro que vamos seguir. Reportagem de televisão é sempre um trabalho de equipe.

O livro *40 anos no ar* surgiu da insistência de amigos e da minha própria família. De tanto ouvir minhas histórias após cada viagem, as sugestões de sempre: "Escreve um livro! Conta a sua experiência profissional. Afinal, são quarenta anos correndo em busca de reportagens, nem sempre convencionais — um recorde de 97 programas do *Globo Repórter* no ar. Vai ser um estímulo para os estudantes de jornalismo".

Quem mais me incentivou foi Beatriz Castro, minha mulher e musa inspiradora. E também minhas filhas, Marianne, Carolinne e Carla Beatriz. Além da cobrança de amigos queridos, como Sônia Bridi, Paulo Zero, Márcio Canuto, Líbia Mafra, Amauri Soares, Patrícia Poeta, Chico Pinheiro, Cristiana Souza Cruz, José Raimundo, Marcelo Canellas, Jô Mazzarolo e Vera Ferraz, bem como Ana Clara Marinho e Zé Maria Sultano, de Fernando de Noronha, e a maioria dos companheiros de redação da Globo Nordeste.

Só agora decidi escrever, por não resistir mais às pressões. Muitas vezes estava assistindo em casa aos jogos do Barcelona, do Real Madrid, do Paris Saint-Germain e ouvia da minha mulher: "Por que você não escreve o livro, em vez de ficar vendo futebol"?.

O resultado está aqui. Histórias de andanças pelos extremos do planeta, que começam no meu berço de origem, o sertão nordestino, e vão até o outro lado do mundo, na Oceania. As testemunhas de todos os fatos são citadas em cada narrativa. Agradeço a todos que participaram deste trabalho, principalmente pelo incentivo. Ao mesmo tempo, fico feliz em poder deixar para meus netos, Rafael, Pedrinho, Camila e Helena, um resumo da minha história profissional, que eles pouco conhecem.

Aproveito para agradecer a Sônia Bridi pelo prefácio, no qual ela demonstra total "isenção", pela grande amizade que existe entre nós. E também aos amigos José Hamilton Ribeiro e Marcelo Canellas, que escreveram sobre o livro; a minha filha Marianne, que, além do incentivo, participou diretamente da revisão deste trabalho; e ao cinegrafista Antônio Henrique, que fez a foto da capa, no Parque Nacional dos Lençóis Maranhenses. Decidi que a renda obtida com a venda dos exemplares será revertida diretamente à Fundação Terra, do padre Airton Freire, uma entidade sem fins lucrativos que presta assistência médica e social, mantém escolas, creches e abrigos, atendendo pessoas carentes do sertão de Pernambuco.

# O COMEÇO, NO SERTÃO

NO PERÍODO DE ESTIAGEM no interior do Nordeste, uma família saía da zona rural de Santana do Cariri, ao lado da serra do Araripe, uma região belíssima, para o Crato, no sul do Ceará, divisa com Pernambuco. Duas jovens bonitas, Aidê e Ana, chamavam a atenção entre os filhos do velho Pompilio Libório Leão, que tinha ainda as meninas Elisabete e Sônia, além de Iolanda, Ninfa e Nelito. Um encontro casual entre Britinho — meu irmão mais velho, fruto do primeiro dos três casamentos de Chico de Brito, meu pai — e a família de Santana do Cariri deu origem à minha existência. Britinho terminou casando com Aidê. E, quando levou a família da noiva para apresentar ao meu pai, ouviu dele um comentário:

— Você escolheu a irmã errada. A mais bonita é a morena...

— Casa o senhor com ela — respondeu Britinho.

O velho Chico de Brito, viúvo do segundo matrimônio, não perdeu tempo. Conquistou e casou com Ana, que passou a chamar de Morena. Ela com vinte anos e ele com mais de sessenta. No ano seguinte, dia 1º de maio de 1944, eu nasci, com ajuda de uma parteira, na sede da fazenda, à luz de candeeiro. Guardo na memória cenas de uma infância tipicamente rural, montando a cavalo logo aos dois anos. Aos sete, era jogado nas cangalhas de burros bravos, pelos peões da fazenda, que até apostavam pra ver em quanto tempo eu seria derrubado na bagaceira do engenho, o pátio onde era jogado o bagaço da cana depois de passar pelas moendas. Caía dos burros e logo depois montava de novo, com a ajuda dos cambiteiros, os carregadores de cana. Para eles, uma diversão. Para mim, uma afirmação. Aprendi a dominar o medo e a enfrentar o perigo montando nos burros bravos, antes de domados, até ser arremessado no bagaço da cana.

Tenho exatamente o mesmo nome do meu pai, Francisco José de Brito. Ele era um autêntico coronel do sertão, uma figura lendária na sua época, com muitos filhos, inclusive fora dos casamentos. As histórias que contam sempre o apontam como um homem poderoso, capaz até de impedir a entrada de cangaceiros na cidade. Era também considerado muito justo. Eu tinha sete anos quando o coração do velho Chico de Brito parou de bater. Dos oito aos dez anos, fui interno no Seminário São José, no Crato. Quando minha mãe casou com um comerciante do Recife, a Igreja perdeu um grande sacerdote. Com onze anos, deixei a batina para me tornar pernambucano.

O segundo marido da minha mãe, Alfredo de Albuquerque Fernandes, era viúvo. Eu ganhei um novo pai e oito irmãos. Fomos criados juntos. A família ficou ainda maior quando minha mãe teve mais cinco filhos com ele, formando uma tradicional e numerosa família nordestina que, somando filhos, netos, irmãos e sobrinhos, agrega em torno de oitenta pessoas.

Fui casado duas vezes. A primeira, com Socorro, com quem tenho duas filhas, Marianne e Carolinne, que me deram quatro adoráveis netos, por quem morro de paixão. Há 25 anos estou casado com Beatriz Castro, também repórter da Globo, minha maior incentivadora, companheira, mulher amada e mãe da nossa Carla Beatriz, a Cacazinha, o meu xodó. Portanto, sou o marido, pai, avô, irmão, companheiro de equipe e profissional mais feliz e realizado do planeta.

# Jornalista por acaso

O jornalismo me encontrou, e foi por um motivo simples: eu gostava muito de futebol. Torcedor do Náutico, eu anotava num caderno todos os detalhes dos jogos do campeonato pernambucano. Até que um dia fui conferir a estatística do *Diário da Noite*, o vespertino da Empresa Jornal do Commercio.

Constatei mais de trinta erros na apuração do jornal e enviei uma carta desaforada para a redação, dizendo que como leitor estava sendo enganado, com tantos erros publicados na estatística. No dia seguinte, o caso foi parar na rádio. Aramis Trindade, editor de esportes do DN, que fazia um comentário diário na resenha esportiva do meio-dia na Rádio Jornal, fez o chamado: "Convido o leitor que corrigiu a estatística do campeonato pra comparecer à redação".

Fui ao jornal, muito acanhado, temendo ouvir um sermão, porque havia feito críticas pesadas pelos erros na soma de gols dos artilheiros, nos números de jogos e até nos pontos conquistados pelos clubes. Fui recebido por Aramis, que me convidou para fazer a estatística. Perguntei se o jornal ia pagar pelo meu trabalho. Ele respondeu que o campeonato já estava no fim, mas no ano seguinte ia conseguir uma forma de me remunerar. Quando começou a nova competição, passei a atualizar a estatística. Assim foi até faltar um repórter, que estava doente. O editor perguntou se eu queria ir a Caruaru para pegar os dados do jogo Náutico × Central. E orientou: "Você vai no carro com o fotógrafo, pega as escalações, faz as anotações do jogo, tempo dos gols, atuação do juiz, depois passa no vestiário e entrevista uns três jogadores que se destacarem. Com os dados que você reunir, um redator vai escrever o texto da matéria".

Era tudo que eu queria: uma chance. Tive tanta sorte que fui substituir exatamente o setorista do Náutico, o meu time. Quando voltei à redação, não me limitei a escrever os dados. Passei a madrugada toda tentando fazer o texto. Escrevia, não gostava, jogava o papel no lixo e escrevia de novo. A velha máquina Olivetti sofreu comigo naquela madrugada. Eu lia muito os jornais do Rio de Janeiro, de São Paulo e de Pernambuco. Tinha noção de como descrever uma partida de futebol. Ali, naquele primeiro momento exercendo uma função jornalística, assumi o compromisso com a imparcialidade — não admitir que a minha paixão por um time interferisse no trabalho.

Fiz uma sugestão de texto, mas também deixei os dados para o redator. Com surpresa e alegria, li na edição seguinte, na íntegra, o texto que eu havia feito com tanta indecisão durante a madrugada. Reencontrei o editor de esportes, e ele perguntou quem tinha feito a matéria do jogo. Respondi que eu tinha feito o texto. Ele aprovou, passou a me orientar, e um mês depois fui efetivado como repórter, com carteira assinada, inscrito no Ministério do Trabalho como jornalista, pelo sindicato da classe. Era assim que funcionava.

Tive a honra de aprender com um grande professor, Aramis Trindade, que era também brilhante advogado. Um ano depois da minha entrada no jornal, ele resolveu sair para se dedicar exclusivamente ao seu escritório de advocacia. Indicou o jovem que havia chegado ali para fazer a estatística do campeonato como seu substituto. Passei a ser o editor de esportes e a escrever uma coluna diária.

Com a saída de Aramis, fui adotado pelo maior mestre de jornalismo que conheci: Ronildo Maia Leite. Quem tinha um professor como

Ronildo, com seus ensinamentos e suas críticas, podia se considerar formado na mais completa das escolas, a redação. Aprendi com ele desde como se apura uma notícia até a finalização do texto.

A cada pauta realizada, aprendia um pouco mais, até que os acertos superaram os erros. Essa era a forma de aprender jornalismo antes da existência do curso superior, que é fundamental para o exercício da profissão e para a sociedade, mas deixou de ser valorizado por decisão do STF, sob alegação de que o diploma era "um atentado contra a liberdade de expressão e o direito à informação".

Imaginem a frustração dos jovens que dedicam quatro anos à faculdade para exercer uma profissão que foi colocada à margem da lei, permitindo que empresas de comunicação contratem profissionais de outras áreas por baixos salários.

Como repórter esportivo, fui presidente da Associação Brasileira de Cronistas Esportivos (Abrace) por quatro anos. Participei da cobertura de seis Copas do Mundo e duas Olimpíadas. A partir do processo de falência do *Jornal do Commercio*, logo após voltar da Copa do Mundo de 1970, no México, onde o Brasil se tornou tricampeão, deixei temporariamente o jornalismo e passei a me dedicar à publicidade. Aprendi muito com o mestre Severino Cavalcanti Queiroz, o maior publicitário que conheci. Fui adotado por ele e aproveitei suas lições.

Três anos depois, assumi a gerência de marketing do Sistema Financeiro Banorte, a maior rede de bancos do Nordeste na época. Para exercer essa função, fiz especialização em Marketing na Fundação Getúlio Vargas. Estudei Direito na Universidade Católica de Pernambuco, mas deixei o curso no último ano, quando a turma já estava preparando a festa de formatura, para voltar a me dedicar inteiramente ao jornalismo.

Por capricho do destino, o convite para voltar a ser repórter veio da recém-inaugurada Globo Nordeste, com sede no Recife. O motivo do meu retorno foi a estreia do *Globo Esporte*. A emissora precisava de um apresentador e repórter para o programa. Fui chamado por Cléo

Nicéas, diretor regional. E o meu primeiro contato foi com o carioca Wilson Emanuel, gerente de programação.

Aceitei as bases contratuais, passando a ganhar menos de 50% do meu salário como gerente de Marketing, mas o que eu queria era voltar a exercer minha profissão de jornalista. Com o tempo, o Sistema Jornal do Commercio de Comunicação — rádios, jornais e televisão — foi comprado pelo empresário João Carlos Paes Mendonça e totalmente reabilitado, voltando a ser uma potência na área de comunicações.

Com a chegada da Globo e a recuperação do Sistema JC, Recife passou a ser um importante polo de comunicação. Uma grande esperança para quem estava reiniciando na vida profissional e sempre procurou valorizar a sua origem, sem sonhos de alçar voo para outras praças, sem nenhuma pretensão de um dia deixar minha terra e com o propósito de ser sempre um repórter matuto, rústico, de sotaque sertanejo, enraizado na cultura nordestina. Aprendi com dois jornalistas da minha cidade do Crato, Humberto Cabral e Antônio Vicelmo, que se destacaram na profissão, mas nunca deixaram o pé de serra onde vivem e atuam até hoje.

## "Bota pó na cara dele"

Eu nunca havia trabalhado na televisão. E no primeiro contato na emissora, para acertar a base salarial, fui informado de que começaria naquele mesmo dia, narrando um jogo de futebol. Mas como começar a trabalhar naquele dia se eu não sabia nada de telejornalismo? Avisei a Wilson Emanuel que precisava de tempo para treinar, fazer o que chamamos de "piloto". Ensaiar, antes de entrar no ar. Ele foi decisivo:

— Não há tempo para aprendizagem. Tem um jogo pra você narrar hoje, às dez da noite: Santa Cruz × São Paulo.

— Mas eu não sou narrador. Nunca narrei uma partida de futebol, nem em rádio. Não sei fazer isso...

— Vai aprender narrando. Fica aí esperando, que meia hora antes do jogo o pessoal da técnica vai te chamar.

— Esse jogo é no Morumbi. Não dá mais tempo pra ir a São Paulo... — tentei argumentar.

— A narração é em *off tube*, na cabine. Você vê as imagens no monitor e vai narrando o jogo. Boa sorte!

Eu não sabia nem o que era *off tube*, quando a narração é feita pelas imagens de um aparelho de televisão. Como se você estivesse em casa, narrando o jogo que vê na TV.

Wilson saiu da sala e me deixou lá sentado, apavorado, pensativo! Foram os minutos mais tensos que vivi. A indecisão, o medo de fazer tudo errado, a incerteza... Deu vontade de descer correndo o morro do Peludo, onde fica a sede da Globo Nordeste, em Olinda. Mas, confiaram em mim. Era a chance de voltar a ser jornalista. Decidi enfrentar a missão. E fiquei esperando não sei quanto tempo na sala, até que ouvi alguém falando no corredor:

— Cadê o cara que vai narrar o jogo? Tá na hora...

O cara era eu. Fui levado para uma cabine estreita, com um aparelho de televisão ligado, sem áudio, com microfone na frente. Recebi as únicas instruções:

— Bota esse fone na cabeça. Quando a luz vermelha acender, você vai estar no ar e começa a narração. Nesse papel tem as escalações dos dois times. Quando acabar o primeiro tempo, chama os comerciais.

Não deu tempo nem de perguntar como deveria chamar os comerciais. Ele fechou a porta e foi embora. Fiquei olhando para a lâmpada, esperando que ela acendesse. Confesso que eu queria mesmo é que ficasse apagada. Mas, ao mesmo tempo, a chance que tanto esperei estava ali, naquela luz. E quando ficou vermelha, NO AR, pensei que estava flutuando de tanta insegurança. Mesmo assim, saí narrando.

Eu tinha a vantagem de identificar bem os jogadores. Fui falando o nome de quem estava com a bola. Toca na esquerda. Lança para o meio. O São Paulo é só ataque. O Santa está todo recuado. De repente, um chute na trave. Voltei a ficar ainda mais apavorado. Se fosse na rede, como eu ia gritar gol? Sou totalmente desafinado. Não sei cantar nem o hino completo do Galo da Madrugada, maior bloco de Carnaval do planeta, que acompanho há 38 anos. Mas, graças a Deus, o Santinha não saiu da defesa e o jogo terminou em zero a zero. Eu não tive que passar pelo vexame de gritar gooooollll! Seria horroroso...

Quando pensei que o martírio havia acabado, surgiu o mesmo funcionário na cabine e disse:

— Vem rápido para o estúdio, que você agora vai chamar os gols dos outros estados.

Entrei pela primeira vez no estúdio da Globo. Um calor de matar. Aqueles refletores imensos acesos. O ar-condicionado desligado, porque o barulho interferia no áudio. E uma cadeira na frente da câmera. Isso mesmo: a câmera da Globo apontada para mim. Se já havia suado na cabine, no estúdio, a camisa grudou logo no corpo. Eu sempre via os apresentadores globais tão bem-vestidos, como é que logo eu estava ali parecendo um espantalho? O trauma foi tão grande que não esqueço os mínimos detalhes.

Para complicar ainda mais, entrou no estúdio o diretor de TV, Jobson Oliveira, o Jobinho, um dos maiores profissionais da Globo Nordeste, com vários papéis na mão.

— Isso aqui é o script. Está meio improvisado porque o pessoal do esporte já foi embora e a gente mesmo fez a relação dos gols. Quando a luz vermelha acender em cima da câmera, sai falando, que está no ar. Faltam três minutos.

Li rapidamente o que estava no script. O Fluminense havia vencido por um a zero, no Maracanã, com gol de Rivelino. E ainda tinha que chamar os gols no Beira-Rio e no Mineirão. Não havia teleprompter, o recurso que tanto facilita a vida dos apresentadores, que leem todo o noticiário diretamente na lente da câmera. Essa modernidade ainda não havia chegado à Globo Nordeste. Eu tinha que ler no script que estava na bancada ou improvisar.

Pouco depois, Jobinho voltou ao estúdio e disse para o assistente:

— Bota pó na cara dele, que está brilhando muito. Ali naquela gaveta tem o pó de Maria Anunciada.

Reagi imediatamente:

— Pó na minha cara! Isso não!

Mas o próprio Jobinho pegou a esponja com o pó da apresentadora do jornal da noite e passou no meu rosto, dizendo:

— Besteira, rapaz! Em televisão, todo mundo usa pó na cara. É um recurso técnico. Cid Moreira, Sérgio Chapelin, todos usam. Agora cala a boca, para de reclamar que você vai entrar no ar em trinta segundos — e saiu rapidamente do estúdio.

Lá estava eu, há quarenta anos, pela primeira vez aparecendo ao vivo na tela da Globo. Com a cara lambuzada de suor e pó, o coração batendo acelerado, gaguejando, um castigo para quem estava em casa vendo aquela cena. Mais comprometedor ainda: eu chamava o gol do Maracanã, entrava o do Beira-Rio. Não acertei nenhum gol, embora a culpa não fosse minha. Era problema de coordenação, mas quem estava apavorado diante da câmera era o estreante. Saí arrasado do estúdio. Até me esqueci de tirar o pó. Fui para casa maquiado, o que era ainda mais comprometedor naquele tempo, quando o machismo dos nordestinos não tinha limites.

No dia seguinte, voltei à Globo para agradecer a Wilson Emanuel pela chance e dizer que aquela não era a minha praia. Eu não sabia fazer televisão. E ouvi uma resposta definitiva:

— Quem sabe se você tem condições de trabalhar na televisão sou eu. No início é assim. Ninguém começa sabendo. Se você foi o escolhido para ser o nosso repórter de esportes, é porque tem condições. É tudo uma questão de tempo. Passa no RH e entrega a carteira profissional, que a admissão já está autorizada por Armando Nogueira, o diretor de Jornalismo. Ele te viu trabalhando na Copa do Mundo e mandou te contratar.

Wilson tinha razão. Estou tentando aprender até hoje. Cada reportagem é uma nova lição. E quem pensa que sabe tudo, em matéria de telejornalismo, não sabe nada. Definitivamente, concluí que jamais seria narrador esportivo. Essa é uma função que exige um dom natural. É uma arte! Não se aprende na escola, nem na redação. Galvão Bueno, por exemplo, é um fenômeno. Narra todos os esportes, sempre com muita emoção. Para sanar a minha deficiência como narrador, meu amigo inesquecível Jota Raposo passou a exercer a função na Globo Nordeste. Eu fiquei como apresentador, repórter e comentarista, participando de todas as transmissões. Hoje a Globo Nordeste tem um dos melhores narradores do país: Rembrant Jr.

Aos poucos, fui passando também para reportagens factuais, em todos os estados nordestinos. No início, eu queria imitar meu ídolo, Lucas

Mendes, correspondente em Nova York, que considerava o melhor texto da televisão brasileira. Até que um dia, lendo uma página de caderno, debruçado sobre o capô do carro, à margem de uma estrada, passando o texto que havia feito sobre a seca no sertão de Ouricuri, percebi que o motorista, Panelada, me olhava como se não estivesse entendendo nada.

Perguntei, e ele confirmou que não sabia direito o que eu estava dizendo. Tentei ser poético, como Lucas Mendes, mas cheguei à conclusão de que eu deveria ser apenas Chico José, sem imitar ninguém, nem mesmo os mais consagrados profissionais da TV. E manter sempre o meu sotaque. Fiz um novo texto, numa linguagem simples para que todos entendessem. Reli e Panelada sorriu, dizendo que agora, sim, estava entendendo tudo. Afinal de contas, a televisão alcança o público em geral. Depois de algum tempo, senti que estava no caminho certo, quando fui abordado por uma senhora no supermercado. Ela disse:

— Gosto muito de ver você falando na televisão, porque explica tudo bem direitinho, com esse jeito de nordestino. Entendo tudo que você fala!

E, por capricho do destino, a maioria das nossas primeiras reportagens ocorreu na minha região de origem. Na infância eu jamais poderia imaginar que voltaria ao sertão como repórter da televisão. Trabalhávamos, no início, com película, ainda em preto e branco. E, após cada reportagem no interior do Nordeste, íamos para as estradas ou estações rodoviárias das pequenas cidades e esperávamos a passagem dos ônibus para enviar o "malote" com a gravação das matérias.

Alcancei o período mais grave da seca, no início da década de 1980, quando as pessoas morriam de fome. O índice de mortalidade infantil era alarmante. As crianças recém-nascidas eram enterradas em covas rasas, ao lado das casas, na zona rural, sem nome, sem batismo, sem identidade. Eram os "anjinhos" da seca. Gravei com um velho sertanejo que estava cavando a terra onde ia enterrar o seu neto. Ele disse:

— É mais um anjinho que se vai. Estou enterrando mais um neto. Sem água, sem a gente poder plantar nas roças, a vida está cada vez mais difícil.

Seguindo por uma estrada de terra no sertão de Ouricuri, em Pernambuco, sentado no banco da frente da nossa valente caminhonete de viagem, percebi que havia uma sombra na poeira, correndo atrás do carro. Pedi para o motorista parar, e, quando abri a porta, surgiu uma mulher coberta de poeira e suor, que mal conseguia falar de tão cansada que estava.

Sentamos aquela senhora no banco do carro. Lavei o seu rosto marcado pela desnutrição, feições magras que eram características de quase todos naquela região. Ela se reanimou com a água do nosso reservatório térmico e implorou:

— Pelo amor de Deus, vamos até minha casa que os meus filhos estão morrendo de fome.

Nós voltamos até a casa dela, com paredes de barro, piso de chão batido, coberta de palha e, obviamente, sem energia elétrica. A cena que vimos foi muito chocante. As crianças esqueléticas, já sem forças até para chorar, nos olhavam sem qualquer reação. Aquela mãe sofrida mostrou o fogão a lenha com panelas vazias, onde não cozinhava havia quinze dias. As crianças tomavam apenas chá de folhas silvestres. E dividiam entre elas o leite de uma cabra.

Enquanto oferecíamos água e um pouco dos alimento que tínhamos no carro, um dos companheiros da equipe foi até a cidade de Ouricuri fazer uma feira reforçada para a família. As crianças foram levadas para o hospital. O que estávamos fazendo era apenas uma ação paliativa, isolada. Milhares de famílias estavam naquela mesma situação. Denunciei o descaso com aqueles brasileiros, incansavelmente. Eles viviam distantes de tudo. Fui muitas vezes criticado porque estava mostrando uma "imagem negativa" do Nordeste. Embora chocante, era uma realidade cruel a qual me senti na obrigação de denunciar.

Aquela mulher que correu atrás do carro para pedir ajuda era apenas uma das milhares de "viúvas da seca". Mulheres cujos maridos partiam em busca de emprego em São Paulo e ficavam por lá. Alguns casavam de novo, constituíam família, enquanto as "viúvas" de maridos vivos continuavam sofrendo, enfrentando a seca no sertão, lutando para criar os filhos. O escritor Euclides da Cunha disse no clássico *Os sertões* que o "sertanejo é antes de tudo um forte". Mas fortes mesmo são as mulheres sertanejas, que pelo menos nos longos períodos das vacas magras, sem água e sem alimento, foram mais resistentes que os homens.

Eu acompanhei o drama de uma dessas mulheres numa reportagem que motivou a maior campanha já feita para amenizar o sofrimento dos flagelados da seca. Escolhemos uma casa, igual a tantas outras, isolada no meio da caatinga, a seiscentos quilômetros do Recife. Quem estava na bela praia de Boa Viagem nem imaginava o que de fato acontecia com o povo do sertão. Paramos na porta da casa, à sombra de um juazeiro, e ali passamos a noite para, no dia seguinte, acompanhar a rotina de dona Iraci, que mantinha sozinha os dez filhos menores e ainda trabalhava numa frente de serviços.

Às quatro horas da madrugada, o candeeiro acendeu dentro da casa. Saímos do carro, onde havíamos dormido. Batemos na porta, e dona Iraci já estava com o filho mais novo, de apenas oito meses, mamando, enquanto com a outra mão ela acendia o fogão a lenha para fazer um chá. Depois entregou o bebê para a filha mais velha, de treze anos, que passaria o dia cuidando dos irmãos, e partiu na madrugada ainda escura para uma caminhada de três quilômetros até o local onde estava sendo construída uma barragem. Uma obra inútil do governo, que seria destruída na primeira enxurrada, quando o inverno chegasse, por falta de estrutura e de uma base concreta.

Com alguns carros de mão, dona Iraci e outras mulheres da região carregavam pedras de um lado para o outro. O pouco que ganhavam quinzenalmente com aquele trabalho sob o sol escaldante dava para comprar algum alimento na feira do distrito de Nossa Senhora do Socorro. Quando voltava para casa, no final da tarde, dona Iraci preparava uma sopa, a única refeição do dia para os seus filhos.

A história dessa sertaneja, que era apenas um exemplo de milhares de mulheres vivendo em situação semelhante nos sertões, obteve grande destaque no *Jornal Nacional*. O país inteiro despertou para a realidade do povo nordestino do interior. Por iniciativa do dr. Roberto Marinho, foi criada a campanha "Nordestinos, o Brasil em Busca de Soluções". A Globo contratou professores das universidades dos estados do Nordeste, que ficaram seis meses estudando as consequências da seca para apresentar soluções. Surgiram propostas para barrar os rios e armazenar a água, formando açudes durante as chuvas; criar cisternas ao lado das casas para aproveitar a água; abrir poços artesianos onde o solo permitia; e uma série de outras providências que aos poucos foram amenizando o sofrimento dos sertanejos.

Fizemos centenas de reportagens nos sertões, na região da Caatinga, único bioma exclusivamente brasileiro — a belíssima vegetação que seca nos períodos de estiagem, mas volta a florescer com as primeiras chuvas. Recentemente, gravando mais um *Globo Repórter*, vivi uma experiência completamente oposta ao tempo em que esperava o ônibus para enviar uma lata de filme com matérias sobre a seca.

Sobrevoamos de balão as serras do Piauí. Imagens maravilhosas, gravadas por dois cinegrafistas gaúchos, destacados entre os melhores profissionais da Rede Globo: Lúcio Rodrigues, atualmente correspondente em Nova York, e José Henrique, radicado no Rio de Janeiro. Gosto deles como gosto dos meus irmãos. Companheiros de dezenas de reportagens no Brasil, na Índia, no Japão, na Nova Zelândia e mundo afora.

Poder voar de balão com a equipe, tendo quatro microcâmeras instaladas no cesto e nas cordas de sustentação, gravando imagens que acompanhavam todos os nossos movimentos, foi, para mim, a evolução do tempo. Gravei usando um minúsculo microfone preso na camisa, com um filtro de proteção do vento, diretamente para a câmera instalada no helicóptero que seguia o balão. As imagens ficaram perfeitas.

Com toda essa evolução tecnológica, da TV pré-histórica só restou saudade do tempo em que esperávamos o ônibus na estrada. Com duas câmeras modernas, entrevistei mais uma vez a arqueóloga Niède Guidon, a cientista que dedicou mais de 45 anos da sua vida para comprovar que os primeiros habitantes das Américas passaram pela região de São Raimundo

Nonato, no sul do Piauí. Ela criou a Fundação do Homem Americano e um museu completo, com mais de 2 mil fósseis de animais pré-históricos que viveram onde hoje é o Parque Nacional da Serra da Capivara.

Na entrevista com Niède Guidon, usamos equipamentos bem diferentes daqueles usados nas primeiras matérias que gravamos com ela. Foram essas reportagens que levaram a deputada Margarete Coelho (hoje vice-governadora) a propor o título de Cidadão do Piauí, aprovado por unanimidade pela Assembleia Legislativa, que muito me honra.

Gravar imagens a partir do balão, mostrando toda a beleza da Serra da Capivara, Patrimônio Mundial reconhecido pela Unesco, foi uma experiência bem diferente em comparação com o tempo em que as imagens eram em preto e branco. Para fazer cenas aéreas, normalmente retirávamos a porta do avião monomotor e amarrávamos o cinegrafista no banco, ao lado do piloto ou atrás. Voávamos muito com avião sem porta para realizar as gravações. Até sobre as linhas de Nazca, outro Patrimônio Mundial da Unesco, no deserto peruano, foi assim.

Na reportagem da série "Pelos céus do Brasil", criação da editora Cláudia Guimarães, contávamos com um balão, a maior grua em operação no país, o Globocop e câmeras moderníssimas, já no sistema HD, que mostram as imagens com perfeição absoluta. Até o apresentador, meu amigo Sérgio Chapelin, foi gravar as chamadas no local da matéria. A grua, com trinta metros de altura, captou com absoluta perfeição as imagens do vaqueiro correndo a cavalo pelo meio da caatinga espinhosa, cercando o boi fujão para trazê-lo de volta ao curral.

O produtor Jorge Ghiaroni deu a ideia de levar o vaqueiro, que nunca havia saído do seu povoado, para voar de balão com a gente no dia seguinte. Ele pegou o voo mais tumultuado da série, quando tivemos que fazer um pouso forçado na Serra da Capivara. Perguntei ao vaqueiro sobre a experiência de voar, e ele respondeu:

— Enquanto estava lá no alto, perto das nuvens, tive medo. Mas quando chegou aqui embaixo, batendo nas árvores, mesmo virando a cesta do balão, me senti em casa, porque vivo no mato.

# Uma corrida pela vida

Na narrativa sobre minhas andanças há uma história no mar, marcada pela imprudência, que por pouco não resultou em morte. E todo o drama que passamos não fazia parte da reportagem. Não foi ao ar.

Nove horas navegando em direção à terra, na velocidade máxima que aquele barquinho podia alcançar. Voávamos sobre as ondas, contra o vento sul, sem diminuir um só instante a potência do motor. O comandante Wilson era o melhor amigo do mergulhador Bira, que agonizava deitado no chão da traineira. Ele sabia que não podia perder um só instante. Cada minuto era importante. Uma corrida pela vida. Partimos do alto-mar às três da tarde com destino ao porto de Caravelas, no sul da Bahia. Na expressão do nosso companheiro Bira, no olhar fixo, nos gemidos fortes, sentíamos a gravidade daquele momento.

Tudo começou com um mergulho mal programado. Estávamos seguindo as baleias jubartes, que passam seis meses por ano acasalando e tendo filhotes na costa nordestina. Era o nosso terceiro dia no mar, quando o chefe da expedição resolveu que era hora do mergulho. Bira era servidor do Instituto Baleia Jubarte e já havia feito dezenas de mergulhos naquela situação — longe da terra, numa profundidade superior a trinta metros, com a água turva em consequência dos ventos fortes. Jovem, forte e destemido, não recusou o convite para se lançar ao mar.

Ele não tinha muita técnica para enfrentar as adversidades em descidas profundas. Até emprestei um computador que usamos no braço, para que ele se sentisse mais seguro. No final, pude observar que não havia adiantado nada. O computador funciona como uma caixa-preta de avião, que revela tudo que acontece durante o mergulho. Bira havia deixado de pagar seis minutos de descompressão. São paradas absolutamente necessárias para retirar o nitrogênio inspirado que penetra na corrente sanguínea em mergulhos profundos.

O não cumprimento das normas de segurança provoca doenças descompressivas, que podem levar à invalidez permanente ou à morte. Um mergulho na corveta *Ipiranga*, que está a 62 metros de profundidade, em Fernando de Noronha, por exemplo, obriga o mergulhador que respira ar comprimido a parar mais de dez vezes antes de voltar à superfície, para eliminar os gases que penetram no organismo. O cemitério da cidade de Caiçara, no Rio Grande do Norte, está repleto de pescadores que perderam a vida descendo a grandes profundidades para caçar lagostas sem adotar as normas de segurança do mergulho autônomo. Por isso, hoje, quase não se usa ar comprimido para mergulhos profundos. Os cilindros são abastecidos com misturas de gases.

Em Abrolhos, o pior ainda estava para acontecer. Após o mergulho, foi servido o almoço no barco. Bira tem o hábito de se alimentar muito bem. Na verdade, ele come demais! E, assim que a refeição foi concluída, a tripulação percebeu que a âncora estava presa nas pedras. Fui até a sonda e vi que a profundidade no local era de quase quarenta metros. Voltei à popa e vi que Bira e Enrico já estavam na água para mergulhar e soltar o ferro. Tentei argumentar que eles haviam acabado de almoçar, que a diferença entre um mergulho e outro precisava ser maior, mas, nesses casos, sempre prevalece o excesso de confiança. Eles desceram rapidamente.

Ficaram lá embaixo mais tempo do que deveriam, numa profundidade excessiva, brigando para arrastar uma âncora presa nas pedras. O ar acabou. Isso mesmo, Bira ficou sem ar para respirar. Correu para o regulador de Enrico, à beira de um desmaio. Os dois passaram a respirar pelo mesmo cilindro, que logo também ficou vazio, deixando os dois mergulhadores em pânico. Eles haviam descido com os cilindros do mergulho anterior, por isso ficaram sem ar tão rápido. E tiveram que subir com o que restava nos pulmões.

Reapareceram na superfície no auge do desespero. Bira soltava espuma pela boca e pelo nariz. Gritava histericamente. Foram logo resgatados pelo bote inflável e levados para a traineira. Deitamos Bira no chão do barco. Não havia nenhum médico ou enfermeiro a bordo. Veio aquela sensação de impotência. Seu estado era grave.

A câmara hiperbárica mais próxima estava em Salvador. Levaríamos dois dias para chegar até lá. Ele não resistiria. Daí a corrida pelo mar. Naquela noite, tínhamos que procurar abrigo perto do arquipélago de Abrolhos. A Rádio Farol de Abrolhos, da Marinha, que tem alcance em toda aquela região, já havia alertado aos navegantes que estava chegando uma frente fria com ventos de até setenta quilômetros por hora. Uma noite de horror, em que só ouvíamos as batidas violentas da traineira contra as ondas, como se a embarcação fosse se partir, e os urros de dor do companheiro Bira, estirado no chão do barco. Nossa equipe, os biólogos e a tripulação estavam em pânico, temendo pela vida do Bira. Foram longas onze horas até chegar ao hospital, na cidade de Teixeira de Freitas, onde o mergulhador foi submetido a duas cirurgias. Saiu e voltou do hospital várias vezes, mas se recuperou com o tempo.

Narro esse fato porque foi um dos vários desencontros durante nossas andanças em busca de uma reportagem. Deixamos Bira em segurança no hospital e, às sete horas da manhã, já estávamos de volta ao mar, para continuar o trabalho. A matéria entrou no *Fantástico*, mas ninguém ficou sabendo da dificuldade e dos riscos que passamos para alcançar nosso objetivo. Afinal, as estrelas eram as baleias. A prioridade foi salvar a vida do Bira e só depois concluir a reportagem.

Muita gente pensa que a Rede Globo expõe suas equipes ao perigo, mas isso não é verdade. Se a direção souber que vamos nos expor, proíbe a reportagem. Aconteceu comigo dezenas de vezes. Numa delas, estávamos com tudo pronto para gravar o *Globo Repórter* sobre a natureza na Colômbia. Os diretores souberam que íamos entrar nas serras dominadas pelos guerrilheiros das Farc (Forças Armadas Revolucionárias da Colômbia) e cancelaram a viagem. Isso ocorreu logo depois que um repórter de São Paulo foi sequestrado por membros de uma facção criminosa. Os diretores temiam que pudesse acontecer o mesmo na selva colombiana.

Desde que passei a me dedicar a temas ligados ao meio ambiente, descobrindo novos horizontes, acampando no mato, dormindo na floresta, convivendo com os mosquitos ou mergulhando com tubarões, descobri que as melhores reportagens são sempre as mais difíceis. Quem trabalha comigo sabe que vai sofrer. São voluntários, dispostos à renúncia de qualquer tipo de conforto para enfrentar as adversidades da selva ou do mar. Vamos sempre em busca de uma realidade, sem mascarar qualquer dificuldade para torná-la mais atrativa no vídeo. Geralmente, quando seguimos as pegadas dos animais, no encalço do lobo-guará, da onça, dos dragões-de-komodo ou simplesmente à procura de um pássaro raro, nos lançamos em uma jornada sem destino.

Já fiquei uma semana na selva com a equipe para conseguir imagens e gravar o canto do falcão amazônico, um dos animais mais raros da grande floresta. Vale a pena todo o sacrifício quando alcançamos nosso objetivo. Isso pode parecer algo simples, até mesmo uma perda de tempo, mas, se existia uma ave que nunca foi vista, o falcão amazônico, que só poderia ser encontrado naquela parte da selva, nossa missão era encontrá-lo e gravar o seu canto. Se fosse fácil de encontrar, não seria notícia. Não despertaria curiosidade. Todo mundo já teria feito...

# 32 DIAS NA SELVA AMAZÔNICA

VENTO NO ROSTO, SOL MUITO FORTE, respingos de água do rio no corpo, avançando pela floresta. Uma viagem de oito horas, em duas canoas voadeiras com motores de popa, partindo da cidade de Juína, que fica a quase oitocentos quilômetros de Cuiabá, capital de Mato Grosso. Nas canoas, nossa bagagem, tonéis de combustível, um pequeno gerador de energia para carregar as baterias da câmera, muito equipamento e caixas com alimentos. No coração, o sentimento de amor pela selva, o prazer de estar a caminho do desconhecido, a sensação de enfrentar mais um desafio, isolados, distantes de tudo, numa região inteiramente inóspita. Já estávamos perto da divisa com Rondônia. Seguíamos pelas únicas vias de acesso — os rios —, navegando em velocidade, mas com todo o cuidado para não bater nos troncos de árvores que descem pela correnteza.

Chegamos à aldeia dos índios enawenê-nawê, na margem do rio Iquê, afluente do Juruena. A produtora Maria Luiza Silveira, do *Globo Natureza*, já estava lá. Viajou dois dias antes com a cozinheira contratada em Juína para montar nosso acampamento, bem na beira do rio. Ela já havia conseguido um intérprete, o filho do cacique, um dos únicos da aldeia que falavam português. E já tínhamos onde amarrar nossas redes, na cabana improvisada, aberta dos lados. Só por ter um lugar para dormir, eu já estava me sentindo num hotel cinco estrelas. Mosquitos? Era o que mais tinha! É o carapanã, uma muriçoca grande que pica até mesmo por baixo da rede.

Senti no semblante e na maneira de Maria Luiza falar, meio tensa, que os pernilongos da selva eram o menor dos problemas. Ela conhece os hábitos de diversas etnias, já visitou dezenas de aldeias, conviveu com as tribos e fisicamente até parece uma índia. É a maior fonte de conhecimento indígena da Rede Globo, uma bela criatura, com quem adoro trabalhar.

Toda a equipe estava reunida na palhoça quando pedi que ela dissesse o que a preocupava. Luiza começou o relato, com o jeitinho dramático, que é bem a cara dela:

— Olha, Chico, infelizmente nós não vamos poder trabalhar agora. A comunidade toda está em comoção, porque a filha do cacique, de treze anos, sofreu um acidente e está em coma. Foi atingida na cabeça pelo galho de uma árvore e está muito mal. Adiaram todos os rituais que viemos acompanhar. Estão numa eterna pajelança dentro da maloca.

Reagi dizendo para a equipe que aquele fato narrado por Maria Luiza seria a abertura da matéria. Partimos para a aldeia, que fica a quinhentos metros do rio, onde estava o nosso acampamento. Na área descampada, no meio da selva, encontramos dezesseis malocas em forma de círculo, com uma vasta área livre no centro. Tudo muito primitivo. Cada uma das casas tinha paredes e cobertura de palha, sustentadas por toras de madeira amarradas por cipós, que compunham as residências coletivas de 640 índios.

Em cada maloca, com oito metros de largura por seis de altura e cerca de setenta de comprimento, moram mais de sessenta pessoas. Fomos direto para a casa do cacique, já ciceroneados pelo filho dele, Lolawenakwa. Ouvíamos de longe o som marcante da pajelança. Difícil identificar se era um canto, um lamento ou uma oração.

Era uma sequência interminável de louvações, sempre repetindo "rou, rou, rou... rei, rei, rei... rai, rei, rou..." em tons diferentes, que para nós não significa nada, mas para os índios é uma forma de se comunicar com os espíritos. Entramos na maloca. Tomei a iniciativa de não gravar imagens da pajelança, uma cerimônia íntima, realizada entre os pajés, que esperavam salvar a menina com orações e fumaça.

Três mulheres no pilão preparavam mandioca para fazer beijus. Em outro pilão, mais uma mulher nua batia o milho para fazer o mingau. E, ao lado, os peixes eram assados. A Ceia dos Espíritos estava quase pronta. Os índios tentavam saciar a fome do Iakaliti, o espírito do mal, para que deixasse a jovem Awaili sair do coma, sobreviver. Eles acreditam tanto nisso que, dois anos antes, o maior líder da aldeia foi picado por uma serpente venenosa e morreu. Todos passaram a acreditar que foi o Iakaliti, incorporado na surucucu, que matou o cacique.

Mostramos repetidas cenas do chefe da tribo, o pai da menina desacordada, saindo da maloca, completamente nu, carregando panelas de barro cheias de comida e depositando no chão, no centro da aldeia, para simbolicamente alimentar os espíritos. Depois do ritual, os próprios índios devoram aquele banquete. Nós também fomos convidados a comer o peixe. Numa das idas e vindas, o cacique parou espontaneamente na frente da câmera e falou emocionado. O filho dele traduziu:

— Ele está dizendo que é o culpado pelo que está acontecendo com a filha. O Iakaliti se apossou da menina porque ele deu pouca comida ao espírito. Não está aparecendo peixe no rio. O peixe está abandonando enawenê como castigo. Mas ele disse que vai pescar mais...

Na realidade, entrevistamos um biólogo que confirmou: os peixes estavam desaparecendo por causa das barragens construídas acima da bacia do Juruena que impediam a passagem dos cardumes para se reproduzir.

Conversei com os enfermeiros da Funai, que esperavam a liberação da menina para levá-la a um hospital na cidade. Só podiam prestar socorro quando o pai e os pajés concordassem. Eu não devia intervir, mas tomei a decisão e não me arrependo. Disse para o filho intérprete chamar o pai cacique. Pedi para ele traduzir o que eu ia dizer, palavra por palavra. E falei alto, pausadamente, com o dedo na cara do cacique:

— Sua filha vai morrer. Ela pode estar com hemorragia interna na cabeça. Precisa ir para o hospital. Deixe os funcionários da Funai levá-la para a cidade. Ela já está há dois dias em coma e precisa de atendimento médico. Você quer que a sua filha morra?

O cacique não respondeu nada, mas ficou com os olhos cheios de lágrimas e voltou a entrar na maloca. Dez minutos depois, o filho saiu e nos deu a notícia:

— Menina vai ser levada para hospital. O pai pediu, e os pajés deixaram levar a menina.

San Costa se posicionou com a câmera e flagrou o momento em que quatro índios saíram da maloca levando a menina numa rede até o rio, onde o barquinho da Funai estava atracado. Embarcaram a menina, que foi deitada, enrolada na rede, no chão do barco. Entraram na canoa a mãe, outro filho do cacique que também fala português e um pajé. Quase toda a comunidade foi para o rio ver a partida. Muitos choravam. O cacique ficou agachado lavando as lágrimas com a água do Iquê, completamente abalado, enquanto o barco partia em alta velocidade. Temi que a menina não resistisse à viagem de seis horas até Brasnorte, a cidade mais próxima.

No dia seguinte, por volta de cinco da manhã, quando estava amanhecendo na selva, chegou o filho do cacique, nosso intérprete. Foi até minha rede e falou de cara feia:

— Cacique quer falar com você lá na aldeia.

Perguntei se havia acontecido alguma coisa com a menina. Ele respondeu em poucas palavras:

— Menina não está sendo atendida no hospital.

Fui até o rio, tomei banho, fiz a barba, escovei os dentes... Tudo com a água do Iquê, que é bem limpa. Nasce dentro da floresta. E segui com o guia até a aldeia. Havia uns trinta índios, homens, mulheres e crianças, ao lado do cacique. Foi a vez do chefe apontar o braço para mim, movendo-os para cima e para baixo, falando alto. O filho traduziu tudo:

— Você disse pra levar menina hospital. Menina está lá abandonada. Não tratam menina. Branco não gosta de índio. Hospital não cuida de nós...

Antes que ele continuasse com aquele sermão, que era muito justo, e eu me sentia realmente o responsável pelo que acontecesse com a jovem, perguntei ao intérprete: Como vocês estão sabendo disso?

— Rádio de Funai — ele respondeu. — Naquela casa de palha, na entrada da aldeia, tem o rádio. Irmão que acompanha a menina avisou.

Pedi que ele dissesse ao pai dele que eu ia tentar resolver pelo rádio. Caminhei em direção à casa de palha e vi que todos me seguiam. A comunicação tinha que passar pela Funai em Juína. Solicitei que transferissem a ligação para o celular de Rafael Benaque, produtor do *Globo Natureza*, em São Paulo. A missão de Rafa era localizar o telefone do secretário de Saúde ou do governador do estado. A informação que eu tinha era de que só havia dois médicos no hospital da cidade, um clínico geral e uma ginecologista. Quinze minutos depois, voltei a ligar.

— E aí, Rafa?

— Falei com o secretário de Saúde, disse que era caso de vida ou morte e ele prometeu que ia mandar atender a menina.

Não acreditei. Pedi o número do telefone do secretário e liguei. Tive a impressão de que o estava acordando pela segunda vez naquela manhã de domingo, às sete horas, para tratar do mesmo assunto. Tentei explicar:

— Secretário, nós estamos na aldeia dos enawenê-nawê e uma menina foi levada para Brasnorte, mas não está sendo atendida no hospital. Não tem nenhum neurologista na cidade. Ela precisa de tratamento neurológico. É um ferimento grave na cabeça, ela está há três dias em coma.

— Eu já falei que vou mandar buscar essa menina!

— Mas o senhor vai mandar buscar como?

— Pelo SAMU....

— Secretário, são quase seiscentos quilômetros por estrada ruim, de Cuiabá a Brasnorte. Mais de oito horas de viagem. A menina não vai resistir.

— Mas o que você quer que eu faça?

— O senhor deve mandar um avião, já com neurologista a bordo e medicamentos, para transportar e tratar a menina....

— Mas como eu vou conseguir um avião, numa hora dessas, num domingo, com um neurologista?

— O senhor não é o secretário de Saúde de Mato Grosso? Vou resumir a situação. Estamos gravando o *Globo Repórter* na aldeia. O início da reportagem é o drama da menina, da família, da comunidade que está aqui ao meu lado, esperando uma decisão sua. Eu tenho dois finais para o programa. Um é a menina de volta pra casa, tomando banho de rio, curada. O outro final é o corpo voltando para ser enterrado na aldeia, porque ela não foi atendida no seu hospital. A decisão é sua. Escolha o final que vai ao ar.

No mesmo dia, a menina foi resgatada em Brasnorte, já com o neurologista a bordo, e ficou internada no hospital estadual em Cuiabá. Enquanto eu falava com o secretário, o filho do cacique traduzia para os índios o que eu estava dizendo. E todos se resignaram a esperar. Foi assim que começamos a convivência de 32 dias com aquele povo, no início desconfiado com a nossa presença — era a primeira vez que uma equipe de televisão chegava ali — mas sempre amigável, prestativo e concentrado nos rituais. Os enawenê nos viam com curiosidade. Entravam em nosso acampamento. Uma aproximação pacífica. Estávamos ali para mostrar os índios que o Brasil ainda não conhecia.

Ia começar o maior de todos os rituais indígenas do país. No meio da selva, no coração do Brasil, criaturas de muita fé, que a diretora do *Globo Repórter*, Silvia Sayão, chamou de Os Homens Espíritos. Tudo regido pelas crenças e pelos mitos do mundo espiritual. Gente de hábitos diferenciados. Eles não fumam, não consomem nenhum tipo de bebida alucinógena, não comem carne vermelha e só bebem água com mel de abelhas. O sal é extraído das ervas. A base da alimentação são peixes, derivados da mandioca e do milho. Caçam aves para alimento e aproveitam as penas como adornos.

Todas as pinturas dos corpos e as vestes dos rituais são produzidas de forma natural, extraídas da floresta. Numa das nossas andanças ao longo de um mês de convivência, tivemos que montar acampamento na beira de um rio. Eles cortaram as árvores mais baixas, rapidamente acenderam o fogo, assaram peixes, amarraram as redes, e ficamos ali torcendo para não chover. Ao amanhecer, acordei com um fardo sendo jogado ao lado da minha rede. Era um jacaré morto. E um índio me dizia:

— Chico comer jacaré! Chico comer jacaré!

Fiquei revoltado, porque não havia sentido em matar o jacaré se os enawenê não consomem aquele tipo de caça, mas não adiantava dizer que eu não consigo me alimentar de jacaré, porque o índio insistia. Até que três "animais" da minha equipe, San Costa, Eduardo Souza, o Nescau, e José Dilermando, o Delé, tomaram a iniciativa de preparar e comer o jacaré. Eu não consigo me alimentar de nenhum tipo de caça. É uma questão de princípios e também de paladar. Sou contra o abate de qualquer tipo de animal selvagem. Não gosto de plantas, mas adoro um churrasco bovino!

Estávamos nos preparativos para o grande ritual. Era a fase de retirar a madeira e as cascas das grandes árvores, que iam servir de armadilha para os peixes, além dos cipós para construir os bloqueios. Eles fazem barragens rústicas no meio dos rios para pescar. Precisam de muito peixe para oferecer ao Yakaliti durante as danças e as oferendas da grande cerimônia do Yaokwa.

Os engenheiros da selva entraram em ação. Nadavam de um lado para o outro do rio, arrastando os cipós. Fincavam os troncos no leito do rio a uns cinco metros de profundidade, enfrentando a correnteza.

Eu havia levado máscara, snorkel, nadadeiras e um lastro de chumbo para mergulhar com eles e gravar imagens embaixo da água enquanto trabalhavam.

Consegui também cenas maravilhosas das crianças no fundo do rio. Elas aprendem a nadar a partir dos dois anos. Em uma semana, quatro barragens foram construídas em pontos diferentes dos rios. A pescaria não correspondia aos anos anteriores. A escassez entristece os índios. Sem peixe, não há ritual, a maior tradição deles. A Funai teve que intervir e comprar mais de vinte toneladas de peixes. Para os índios, aquilo era uma grande humilhação, voltar para a aldeia com uma carga de peixes nas canoas que não havia sido pescada por eles.

Houve um grande equívoco quando a Funai exigiu que os construtores das pequenas hidrelétricas na bacia do Juruena "indenizassem" os índios. O pagamento foram mais de setenta canoas voadeiras de alumínio com motores de popa e uma cota em combustível. Com as novas canoas, eles chegam a Juína em oito horas. Antes, remando nas canoas primitivas de madeira, levavam quase uma semana para fazer o mesmo percurso.

As voadeiras aproximaram os índios que viviam permanentemente na selva dos atrativos da cidade, dos costumes e dos vícios urbanos. Foram incentivados a cobrar pedágio perto de uma ponte para obter dinheiro e fazer compras em Juína e Brasnorte. Recentemente foram acusados de matar duas pessoas na área do pedágio.

Chegou o grande momento, na segunda fase da nossa permanência com os índios. Ia começar o Yaokwa, quando eles dançam dias e noites sem parar. A partir daí, contamos com mais dois reforços na equipe: o cinegrafista paulista Rogério Rocha e o upjoteiro da TV Centro América, Josenir Proença. Tínhamos então mais uma câmera, para filmar em ângulos diferentes e mostrar a grandeza da festa. Estava começando a ópera da floresta. Um espetáculo real, longe dos olhos da população brasileira.

Entramos na casa dos espíritos, onde estavam dezenas de instrumentos musicais, como pífanos, flautas, ocarinas, trombetas, tudo feito artesanalmente de madeira e bambu. Sons marcantes, cadenciados, em ritmos orquestrados. Os músicos tocavam enquanto dançavam, passo a passo, de lado, para a frente e para trás, percorrendo todo o pátio da aldeia, indo, voltando e entrando em fileiras nas malocas.

As mulheres também dançavam, de braços dados com os homens, mas de olhos fechados. Todos cobertos por adornos, braçadeiras, cocares coloridíssimos e colares confeccionados por eles. Uma riqueza cultural. Mas o que mais nos impressionou foi a fé.

Parecia que eles estavam em outro mundo. No mundo dos espíritos, concentrados no ritual de cantos e orações. Cada acorde daqueles instrumentos era uma mensagem, um pedido de perdão ou uma promessa de ilusão. Depois que saí da aldeia, fiquei muitos dias relembrando aquelas cenas, aqueles cantos, o som das trombetas. E, como sempre, as oferendas dos peixes ao Yakaliti. Muita comida para acalmar o espírito do mal.

Nos 32 dias de convívio com os enawenê-nawê, tivemos oportunidade de ver um jogo diferente de todas as competições. No imenso pátio da aldeia, os índios se dividiram em dois grupos para uma competição realizada com uma bola de látex, confeccionada por eles, que se jogam no chão e cabeceiam, quase arranhando o rosto na terra.

Quando a bola sai na extremidade do pátio, o gol é comemorado. E o placar é marcado por um monte de flechas. Quem faz o gol separa uma flecha. No final, é só contar pra saber quem ganhou. Há muita rivalidade nesse esporte, que não tem número definido de jogadores. Eu contei. Havia treze jogadores de um lado e quinze do outro. Não há juiz, nem tempo definido. Só é permitido tocar na bola com a cabeça.

Quando entramos nas malocas para mostrar como os enawenê vivem em seus quartos com divisórias de palha, onde dormem em redes, ficamos impressionados com a quantidade de baratas. Nas paredes, nas palhas, no chão, por toda parte. Algumas vezes, eu estava gravando de improviso, mostrando aquele condomínio rústico da selva, e sentia as baratas subindo por dentro da calça.

Os mortos são enterrados ali mesmo, no local onde os índios dormem. Eles cavam um buraco embaixo da rede e fazem o funeral com adornos e objetos do morto. O cemitério é dentro de casa. Por isso consideram aquele solo sagrado.

Estava na hora de ir embora. Faltava só gravar as imagens do encerramento da matéria. Do final feliz, no banho coletivo do rio, com a menina Awaili, filha do cacique, recuperada do ferimento na cabeça graças ao atendimento dos neurologistas da Secretaria de Saúde de Mato Grosso. Todos na maior alegria, batendo na água do rio com as mãos.

Minha intervenção ao convencer o cacique para que sua filha recebesse atendimento médico e a solicitação ao secretário de Saúde para atender a menina não entraram na reportagem. Como repórter, eu não devia intervir. Mas, como cidadão, senti que era minha obrigação.

De roupa trocada, com a bagagem no barco, fomos nos despedir na aldeia, onde fizemos muitos amigos. O filho do cacique, nosso intérprete, me procurou e disse que o pai dele queria falar comigo lá dentro da casa, onde estava toda a família reunida, inclusive a menina Awaili, no pilão. Todos nus, com os adornos de sempre. Parecia um momento solene, quando o cacique fez um agradecimento, traduzido pelo filho. Ele estava feliz por ter a filha de volta e pela nossa presença na aldeia. Depois tirou o belo colar e colocou-o em mim, como se fosse uma medalha.

Fiquei emocionado, como se estivesse sendo condecorado no pódio de uma competição, onde quem venceu foi a solidariedade, de um jeito espontâneo, junto daquele povo primitivo, de atitudes singelas, com grande sentimento de amor pela família. Falei também, agradecendo, depois fiquei sem jeito e perguntei a Lolawenakwa se era para devolver o colar. Ele respondeu:

— Não, cacique deu o colar dele pra você, como agradecimento. Fora dos rituais, cacique não usa cocar. Esse colar é o símbolo do poder na tribo.

Saí da maloca com o colar. Havia mais de trinta índios sentados no chão, esperando ao lado da minha equipe para a despedida. Todos ficaram olhando para o colar, sem entender direito o que estava acontecendo. Esclareci, mostrando o adorno no pescoço:

— Cacique Chico José! Quem manda nessa aldeia agora sou eu!

Todos riram, e partimos. Essa matéria nos levou à primeira fila do Lincoln Center Theater, em Nova York, como finalistas do Prêmio Emmy, o Oscar da televisão mundial. Um trabalho de equipe, como são todos os programas do *Globo Repórter*. Graças às belas imagens de San Costa e Rogério Rocha, ao trabalho técnico incansável de Delé, Nescau e Josenir, à edição primorosa de Saulo de la Rue, à produção impecável de Maria Luiza e a uma obra de arte na edição de imagens e sonorização do Chiquinho. Sempre com a orientação de Silvia Sayão. Uma realização para todos nós.

## Sequestro com quatro reféns

Vinte e cinco de setembro de 1987, às nove horas da manhã. Um homem com uniforme da Polícia Militar de Pernambuco bateu na porta de vidro do antigo Banco Econômico, no bairro de Boa Viagem, no Recife. O vigilante abriu e foi rendido. Mais cinco bandidos entraram armados e anunciaram o assalto, antes mesmo de começar o atendimento aos clientes. Um funcionário se jogou no chão e, por trás de uma cortina, fez sinal para os motoristas no ponto de táxi ao lado do banco. Eles chamaram a polícia.

Eu já estava na Globo, em Olinda, editando uma matéria sobre a praia de Jericoacoara, um dos paraísos do Nordeste, com chamada no ar para o *Fantástico*. Uma equipe nossa chegou rapidamente ao banco. Toda a imprensa foi para lá. A direção do jornalismo, no Rio, mandou que eu deixasse a ilha de edição e fosse cobrir um dos primeiros assaltos a banco com reféns no país para o *Jornal Nacional*. As ruas próximas ao banco foram interditadas pela polícia. Fui andando até o local do assalto.

O térreo do prédio já estava ocupado por polícia civil, polícia militar e imprensa. Um verdadeiro circo. No primeiro andar, os seis assaltantes estavam com os quatro reféns. Ninguém se entendia. O delegado Djair Lopes Diniz, que comandava a operação, gritava para os bandidos que queria negociar com eles. A voz de um dos assaltantes veio em resposta:

— A gente só fala se for com o repórter Francisco José!

O delegado não tinha me visto no meio da confusão e gritou de volta:

— Ele não está aqui, não!

— Está, sim, que a gente viu ele entrar aí agora!

O chefe do policiamento me procurou e perguntou se eu falaria com eles, da escada. Respondi que só participaria se fosse até onde eles estavam, gravando tudo. Deixei bem claro que "não sou intermediário entre bandidos e polícia". Só iria se fosse com a câmera. O delegado ponderou que não podia se responsabilizar pelo que pudesse acontecer. Esclareci que a responsabilidade era minha. Estava fazendo o meu trabalho. E chegamos a um acordo. Entrevistei o delegado Djair sobre o pedido dos sequestradores e subi a escada gravando.

Quando eles ouviram minha voz, narrando o que estava acontecendo e me aproximando deles, deram um tiro e gritaram: "Se vier com a luz, leva bala". Imediatamente, o auxiliar apagou a luz. Coloquei o microfone no chão e pedi ao cinegrafista para continuar gravando que eu falaria alto. Subi até chegar onde estavam os bandidos e os reféns. Eu me deparei com uma cena muito chocante. Três mulheres e um homem, com armas na boca, na cabeça, no ouvido e embaixo do queixo. Quatro assaltantes submetiam os reféns àquela humilhação.

Os outros dois, com pistolas e revólveres nas mãos, apontavam as armas para mim e perguntavam se eu estava armado. Respondi que não era policial nem bandido e não usava armas. Em seguida, pedi que eles baixassem os revólveres para conversarmos. Falei com firmeza, e eles concordaram.

A gerente, Patrícia Camarotti, mesmo com um revólver na boca, era extremamente bonita. Apanhei água numa geladeira e passei para os reféns, que estavam em pânico e pediam que os ajudasse a sair daquela situação dramática. A cada investida da polícia, eles ameaçavam matar os reféns. Iniciamos o diálogo.

— O que vocês querem para soltar essas pessoas?

— A gente quer um carro, e o delegado que está gritando aí embaixo. Ele vai substituir essa mulher grávida. E que não tenha perseguição, senão a gente mata um por um e vai jogando os corpos na estrada.

Desci para o andar térreo do banco, que estava cada vez mais tumultuado. O secretário de Segurança Pública, um general reformado, já havia chegado. Eram oito delegados, além de dezenas de policiais civis e militares. Nós nos reunimos numa área reservada da agência, expliquei que a situação era grave e passei as exigências dos bandidos. Após uma rápida conversa entre eles, o delegado Djair anunciou a decisão da polícia:

— Nós vamos dar o carro em troca da mulher grávida. Não vai ter perseguição, mas eu não vou, porque sei que eles querem me matar. Já prendemos dois membros dessa quadrilha e eles conseguiram fugir do presídio. É a pior quadrilha de assaltantes do Nordeste. Eles matam sem piedade.

Voltei ao local do sequestro, no primeiro andar, e passei a proposta dos policiais. O chefe do bando ficou possesso porque o delegado não queria ir. Ameaçou matar a mulher grávida "para eu levar o corpo e mostrar aos meus amiguinhos da imprensa que ela morreu porque o delegado se recusou a ficar no lugar dela". Argumentei que ele não podia fazer aquilo! E a resposta do marginal foi assustadora, como se tirar uma vida não significasse nada para ele. Com o olhar de frieza dos assassinos, ele disse:

— Não posso por quê, cara? Eu estou condenado a trinta anos de cadeia. Fora os crimes que ainda não foram julgados. Não tenho nada a perder. — E puxou a refém pelo braço, sempre com a pistola na mão.

Aí tomei a decisão:

— Eu fico no lugar dela. Deixe-a sair, e eu fico com vocês.

Os reféns pararam de gritar, e o chefe do bando gesticulou com a pistola em minha direção:

— Tu fica no lugar dela? Tu é um cara famoso aqui em Pernambuco. É o primeiro que nós vamos matar se houver perseguição. Pode ir dizer à polícia que, se forem atrás da gente, morre um por um... Quando tu voltar, soltamos a grávida.

Tentei argumentar que um único carro para dez pessoas era inviável, mas ele insistiu:

— Um carro só, porque se morrer um, morrem todos.

Desci mais uma vez, narrei o que tinha acontecido e comuniquei minha decisão. Pedi à direção do banco que providenciasse um carro grande, mas só foi possível, de imediato, um Santana Quantum. Lembro que o comandante do Batalhão de Choque, major Falcão, se aproximou e me disse:

— Chico, não vá! Isso está me cheirando a um massacre. Meu pessoal ouviu aquele grupinho da polícia civil combinar que vai atirar nesses bandidos de qualquer maneira. Se quer um conselho de amigo, não vá.

Agradeci e falei para o oficial da PM que aquele era mais um motivo para que eu fosse. Enquanto eu estivesse dentro do carro, com a imprensa acompanhando, seria mais difícil eles atirarem para matar. Liguei para minhas filhas, Marianne e Carolinne, contei o que estava acontecendo e pedi que elas não se preocupassem, porque eu ia voltar para casa, como todas as outras vezes que passei por situações difíceis.

Retornei ao cenário do conflito, abracei a grávida e ela desceu a escada já em liberdade. Iniciamos a longa viagem. Na saída do banco, a foto de Pedro Luiz, que está incluída no caderno de fotos deste livro, e as imagens da saída do grupo correram o mundo. Dez pessoas entraram no carro, que partiu pelas principais ruas da cidade. Parecia uma corrida sem destino, mas os bandidos sabiam muito bem para onde queriam ir.

Chegamos à BR-232, a Rodovia Luiz Gonzaga, que liga o Recife ao sertão. Mais de dez viaturas da polícia civil nos perseguiam, quase coladas ao nosso carro. Houve desespero. Os bandidos ficaram revoltados comigo porque estava havendo perseguição.

Em Gravatá, a setenta quilômetros da capital, olhei para trás e vi quando um policial, com metade do corpo para fora de uma caminhonete Veraneio, apontou a escopeta para o nosso carro e disparou. Estourou o pneu traseiro direito.

Estávamos passando pelo hotel Portal de Gravatá. Sugeri entrar com o carro e parar no meio do pátio do hotel. A polícia também entrou. E continuou a atirar. Os bandidos queriam baixar os vidros para revidar. Gritei para eles não atirarem. Mostrei que os policiais estavam disparando contra os pneus e a parte do motor. Se eles revidassem os tiros, era tudo que os agentes queriam para nos atingir dentro do carro.

Mostrei também que as equipes de TV estavam gravando tudo. A imprensa chegou junto com a polícia. E, depois da tempestade, houve uma calmaria. Aproveitei para chamar o cinegrafista da Globo, depois o da TV Manchete. Gravei pela janela do carro. Responsabilizei o secretário de Segurança Pública pelo que viesse a acontecer com os reféns. A perseguição daquela forma ia retardar a soltura das duas mulheres que nos acompanhavam, Patrícia Camarotti e Teresa Oliveira. A liberação de ambas fazia parte do primeiro acordo, desde que não houvesse perseguição.

O então governador de Pernambuco, Miguel Arraes, acompanhava tudo do seu gabinete. Ele ordenou que houvesse nova negociação para liberar os reféns. O delegado Djair se aproximou do nosso carro com os braços para cima, mostrando que estava desarmado. Os bandidos pediram a Veraneio da polícia que nos perseguia mais de perto, que era maior, para substituir nosso veículo todo furado de balas.

No reinício da fuga, logo após a saída do hotel, os carros da Globo e da Manchete foram atravessados na pista, para retardar a perseguição policial. A iniciativa foi do upjoteiro Waldemir Martins, o nosso querido Doido, que trabalha comigo até hoje. Com o bloqueio da pista, retardando a passagem da polícia, ganhamos tempo. Na passagem pela cidade de Bezerros, depois de Gravatá, a população, que acompanhava tudo pelo rádio, fechou a estrada. Centenas de pessoas foram atraídas pela curiosidade.

O programa do amigo radialista Geraldo Freire, da Rádio Jornal, ficou no ar até o desfecho da viagem. Tive que passar para a janela e pedir ao povo para abrir caminho. Argumentei com os bandidos que em todas as outras cidades da BR-232 teríamos a mesma dificuldade para passar. A curiosidade do povo não tinha limites. Logo em seguida, avistamos Caruaru, também com a estrada cheia de gente. Insisti em saber para onde eles queriam ir. E o chefe do bando respondeu irritado:

— Pra Salvador, cara! A gente "faz" um banco aqui e foge pra lá. Depois assalta lá e volta pra cá.

Eles faziam esse roteiro sempre de ônibus. Viajavam à noite, do Recife para Petrolina. Atravessavam a ponte sobre o rio São Francisco de táxi. Em Juazeiro, pegavam outro ônibus para a capital baiana. Rapidamente os convenci de que esse roteiro era inviável para seguir de carro, porque aumentava em quase trezentos quilômetros o percurso e a polícia poderia estar esperando à frente. Tínhamos que cortar caminho pela estrada da Zona da Mata, entrando à esquerda em Caruaru, até alcançar a BR-101.

Eles concordaram, entramos no desvio e passei a assumir o controle da situação, porque só eu sabia o caminho. Ainda recebemos uma saraivada de balas que marcou a lataria do carro, ao passar por uma barreira da polícia de Alagoas. E tivemos que parar três vezes para abastecer. Numa dessas paradas, em Messias, perto de Maceió, o frentista vinha de cabeça baixa contando o dinheiro. Quando levantou a cabeça e nos viu, ficou paralisado de medo. Falei com ele:

— Calma! Abasteça o carro sem problemas. Não tente correr porque eles atiram em você!

Mas não adiantou pedir calma. De tão nervoso, ele não conseguia abrir a tampa do tanque. Desci e eu mesmo abasteci. Reservatório cheio, passei o valor para os bandidos e eles pagaram, com o dinheiro de um dos malotes do banco. E ainda deixaram o troco para o frentista, que continuava igual a uma estátua. Pude perceber que todo mundo estava concentrado na frente da TV do restaurante do posto, acompanhando o *Jornal Nacional*. O sequestro era a notícia de maior destaque. De volta, dentro do carro, questionei um dos assaltantes por que, enquanto eu abastecia o carro, ele ficou o tempo todo apontando a pistola para minha cabeça.

— Por que você ainda está com a arma engatilhada apontando pra mim? Pensou que eu ia fugir, sair correndo? Se estou aqui, é por decisão minha.

A partir daí, não houve mais nenhum incidente, nenhuma discussão. E as duas reféns demonstravam todo carinho por mim naquela situação tão crítica. Teresa me abraçava, sentada na ponta do banco traseiro, enquanto eu estava no meio, no banco da frente. Ficava quase todo o tempo de mãos dadas com Patrícia. Na escuridão da estrada e no silêncio da noite, o chefe do bando fez uma revelação:

— Se aquele delegado estivesse aqui, eu ia dar um tiro na cabeça dele e jogar o corpo na estrada para os caminhões passarem por cima dele.

E explicou o motivo de tanto ódio. Acusou o delegado, quando o prendeu em outra ocasião, de tê-lo torturado para saber o paradeiro do restante do bando. Ele não entregou ninguém, fugiu do presídio e voltou a liderar a quadrilha.

À meia-noite, chegamos perto da ponte sobre o rio São Francisco. Foi a minha vez de romper o silêncio dentro do carro:

— Pare o carro no acostamento. Suba aquela rampa ali ao lado e apague as luzes.

Houve um princípio de pânico. Todos queriam saber o que estava acontecendo! Expliquei:

— Aí na frente está a ponte sobre o rio São Francisco, com mais de um quilômetro de extensão. Se a polícia ainda estiver nos perseguindo, vai fazer um bloqueio no final e não teremos por onde escapar. A não ser que vocês pulem do alto, dentro do rio! Vamos esperar que esse caminhão que ultrapassamos agora vá na frente. A gente vê pelos faróis. Se ele parar, é porque tem barreira policial.

Enfrentamos momentos de tensão, até ver que a luz do caminhão seguiu sem parar. Depois de rodar oitocentos quilômetros na fuga, às três horas da madrugada chegamos a Salvador. Os bandidos queriam nos deixar antes da entrada da cidade, na escuridão de uma estrada secundária. Não concordei. Seria muito difícil, àquela hora, encontrar quem nos desse carona até a cidade. Seguimos com o bando, que ficou num morro no subúrbio.

Assumi a direção da Veraneio e fomos para um hotel cinco estrelas. Até hoje falam nesse sequestro! Muita gente diz que rezou por nós. E algumas senhoras fizeram promessas para o padre Cícero, mas havia um detalhe: quem deveria pagar as promessas era eu! Argumentava com todas que havia feito tantas reportagens subindo o horto de Juazeiro, acompanhando os romeiros até a estátua do padre Cícero, que já estava abençoado pelo resto da vida.

Na volta ao Recife, no dia seguinte, em um avião do banco, houve uma recepção que fechou o aeroporto dos Guararapes. Muita gente impedia a nossa passagem. Todos queriam se aproximar. E tive que ser retirado do aeroporto num camburão da PM, que passou pelo meio da multidão. Uma repercussão incrível, inclusive no noticiário internacional, por uma matéria que não fiz.

A partir do momento em que a câmera parou de gravar e me envolvi no sequestro, deixei de fazer a reportagem. Fui repreendido por Armando Nogueira, que proibiu qualquer outra ação de repórteres em situações semelhantes. O diretor que me proporcionou as melhores oportunidades de trabalho sempre tinha razão. Concordei com ele. Se bem que, se eu enfrentasse outra situação em que pudesse ajudar, faria tudo de novo.

# Como era o jornalismo investigativo

Já imaginaram o jornalismo investigativo sem câmeras ocultas ou espalhadas por todos os lugares, sem fontes na Polícia ou no Ministério Público, sem delação premiada, sem o Disque-Denúncia, sem grampos nos telefones, sem informações, fotos e vídeos pelo WhatsApp, sem celular, sem redes sociais, sem o Google, sem um produtor na redação que cuida de tudo?

Era assim o jornalismo investigativo, pelo menos nas minhas primeiras duas décadas de telejornalismo. O repórter tinha que correr atrás, investigar de fato, enfrentar as consequências, numa época de muita violência em cidades sem lei no interior do Nordeste, quando havia guerra entre famílias por questões de honra. Hoje, a matança é no submundo das drogas.

Quando ainda era repórter esportivo e apresentador do *Globo Esporte* na Globo Nordeste, recebi uma carta escrita por mão trêmula que transparecia na caligrafia irregular, enviada para a redação por uma senhora de 64 anos me pedindo ajuda para localizar o filho. Na carta, ela revelava que o rapaz, conhecido como Péia, de dezesseis anos, fora retirado da sua casa, de madrugada, na presença dela, por agentes da delegacia de polícia da Mustardinha, bairro do subúrbio do Recife, onde mãe e filho moravam. Ele nunca mais voltou para casa. No seu relato, a mãe tinha convicção de que o filho havia sido torturado até a morte dentro da delegacia e ocultaram o corpo.

Se uma carta-denúncia como aquela chegasse hoje à redação de uma emissora no Rio de Janeiro, por exemplo, a chefia de reportagem mandaria um produtor ou repórter subir o morro da cidade para apurar? Certamente que não. Mesmo porque os postes na rua de dona Severina, na Mustardinha, não tinham nenhuma câmera para mostrar o sequestro do rapaz. Por segurança, as equipes de reportagem só entram nos morros do Rio com aquele colete à prova de balas de fuzil ou acompanhadas da polícia.

Fui no meu carro até a Mustardinha, que era um dos redutos mais violentos da periferia do Recife. Deixei o carro num posto de combustível, na entrada da comunidade, e fui andando pelas ruas estreitas à procura do endereço. Bati palmas na porta da casa, e dona Severina veio atender. Caiu em prantos quando me viu. Ela confessou que não tinha mais lágrimas para chorar a perda do filho. Depois de um abraço emocionado, entramos para uma salinha daquela casa tão simples, com a pequena TV mostrando imagens ainda em preto e branco. Ela passou a descrever toda a história do filho:

— Eu tenho dois filhos. Um é bandido, chamado de Esdrope, que vive sendo perseguido pela polícia, mas até hoje não conseguiram pegar ele. O outro era Péia, um menino bom, estudioso, que não tinha nada a ver com os malfeitos do irmão. Os agentes da polícia chegaram aqui de madrugada, tive que abrir a porta, senão eles arrombavam, como já tinham feito outra vez à procura de Esdrope. Arrastaram meu menino, queriam saber onde estava o irmão, mas o Péia não sabia mesmo o paradeiro do outro. Já saíram daqui batendo nele e empurrando pra dentro do carro. No dia seguinte, fui à procura dele na delegacia. Fui maltratada, me mandaram embora, me ameaçaram. Quase todo dia voltava lá pra saber notícia do menino, mas a reação era a mesma. Até que um dia, penalizado por me ver chorando ali na calçada da delegacia, o agente Fraga me disse pra ir embora e esquecer aquela história, porque o Péia tinha sido morto depois de uma sessão de tortura no pau de arara, dentro da delegacia.

Procurei o agente Fraga, mas ele havia pedido transferência da delegacia da Mustardinha e estava de licença para tratamento de saúde. No departamento de Recursos Humanos da Secretaria de Segurança Pública, consegui o endereço do agente, no bairro do Ibura, e fui atrás dele, com o cinegrafista Roberto Cavalcanti, que depois se tornou chefe de reportagem. O agente relutou em nos receber. Pediu para não ser filmado. Ele confessou que estava em tratamento psicológico, que não suportava mais ver tantas atrocidades praticadas pela própria polícia. Conversamos durante mais de uma hora, até abordar o caso do garoto Péia. Fraga revelou o que havia dito à mãe do menino. O jovem foi torturado e morto. E me deu uma dica:

— Se você for à delegacia e pegar o livro de ocorrências, vai ver que tem o registro com a data da entrada do menino, mas não tem a saída, porque ele saiu morto. Deram sumiço no corpo. E não é a primeira vez que isso acontece. Na sala do lado esquerdo, você vai encontrar o pau de arara. É aquele pau onde penduram os presos pelas pernas, completamente nus, de cabeça pra baixo, e fazem miséria com eles. Dão até choques elétricos nos testículos.

Entrei na delegacia com a câmera ligada. Quando os dois agentes e o delegado que estavam de plantão tentaram me deter, eu já estava na sala de torturas. Aí foi fácil entrevistá-los:

— O que é isso aqui? Um pau de arara! Vocês estão torturando os presos dentro da delegacia?

Eles nunca haviam falado na frente de uma câmera de TV. Ficaram enrolados. Não sabiam o que responder. Chegou um terceiro agente, bem mais arrogante que os outros. Falávamos acima do tom normal. Fraga havia me dado os nomes dos torturadores. E aquele valente era um deles. Ouvi quando o chamaram pelo nome. Fui bem objetivo com o microfone na mão:

— Você matou o garoto Péia?

— Eu não matei ninguém...

— E aquele pau de arara ali é adorno, objeto de decoração?

— Eu não sei o que é isso, não. Eu não tenho nada a ver com isso! E você tá pensando que é o quê, pra entrar aqui defendendo esses marginais que não valem nada? Deviam tá era tudo morto mesmo.

Aquela resposta em tom de ameaça era tudo que eu queria. Eles não conheciam o poder de uma gravação. Não tinham ideia da força daquela declaração, que soava como ameaça, mas era uma confissão. Estava sendo expulso com o cinegrafista quando passei pela mesa, peguei o livro de ocorrências e fui direto ao delegado, gravando:

— Delegado, o senhor pode nos mostrar onde está o registro de saída do garoto Péia, que deu entrada nesta delegacia no mês passado? A entrada eu vou mostrar aqui ao senhor, mas e a saída?

Eu tinha a data da entrada, folheei rapidamente o livro e mostrei o nome completo do menino, com a data de entrada na delegacia. O delegado pegou o livro, procurou, ou fingiu que procurou, mas ficou sem saída, a não ser mandar que os agentes nos tirassem dali imediatamente. A matéria, no estilo do jornalismo investigativo do passado, estava feita. Entrou com quatro minutos no *Jornal Nacional*. Pela denúncia na TV, as apurações foram comprovadas, e os autores do desaparecimento do menino Péia, punidos.

Embora se sentindo mais aliviada, como ela mesma disse, dona Severina continuou chorando por muito tempo. Jamais encontrou o corpo do filho. E o outro, o filho bandido, por vingança, metralhou a fachada da delegacia. Depois foi morto com um tiro de espingarda 12 no peito, numa das avenidas mais movimentadas do Recife. O acusado foi um major da PM que se tornou famoso naquela época por eliminar marginais considerados perigosos.

O caso do garoto Péia é semelhante ao do pedreiro Amarildo, que repercute até hoje no Rio de Janeiro. A diferença é que as câmeras denunciaram e ajudaram a condenar os policiais cariocas. A "investigação" foi feita por meio de vídeos, recurso que não havia no passado.

***

Em 1981, estávamos na cidade de Floresta, sertão de Pernambuco, onde as famílias Novaes e Ferraz alimentavam uma guerra que já havia deixado mais de quarenta mortos. Fomos fazer uma refeição rápida à noite na lanchonete da esquina. O dono me reconheceu e perguntou se nós estávamos ali para "tirar um empréstimo no banco e plantar mandioca". Todos os clientes riram daquela pergunta. Senti que havia alguma coisa errada e alimentei a conversa:

— O que é preciso pra tirar o empréstimo e plantar mandioca?

— Só a carteira de identidade. O problema é que as terras daqui não servem para o plantio de mandioca.

Ele não quis acrescentar mais nada. Deu a entender que já havia falado demais sobre aquele assunto. Fui para o hotel, próximo à lanchonete, e fiquei esperando que os clientes saíssem. Quando voltei, ele disse que já ia fechar o estabelecimento e apagou as luzes. Insisti nas perguntas e a conversa aconteceu no escuro, enquanto ele olhava de um lado para o outro, visivelmente amedrontado. Mesmo assim, revelou:

— É só falar com o gerente da agência do Banco do Brasil, que é de onde sai o dinheiro. Depois, na hora de pagar as parcelas, os beneficiados alegam que perderam tudo com a seca e o seguro cobre. A terra passa por uma vistoria fajuta e fica por isso mesmo. Tem um cara aí que está construindo uma mansão com sete quartos, piscina, iluminação a mercúrio, no meio da caatinga. Outro pegou os documentos de um pedreiro e tirou muito dinheiro. Pode ver na cidade que tem muitas caminhonetes do ano. Tudo comprado com o dinheiro da mandioca. Tem até deputado envolvido.

Comecei a investigação pelo pedreiro. Localizei o personagem trabalhando na reforma de uma igrejinha na margem da estrada, ganhando um salário mínimo. Haviam retirado uma fortuna em nome dele. Invadimos a fazenda e mostramos a mansão do novo-rico no meio da vegetação seca, com uma suntuosidade que destoava dos padrões na região. Entrei no banco com a câmera ligada e peguei o gerente, que ficou sem respostas para as minhas perguntas.

Saí revelando nome por nome. Aquele major matador que citei anteriormente, acusado de matar o irmão do garoto Péia com um tiro de espingarda 12, Ferreira dos Anjos, era um dos envolvidos. O deputado estadual Vital Novaes era outro. Vários comerciantes de prestígio na cidade foram presos. Sofri ameaças, mas continuei indo a Floresta e denunciando.

Mataram o procurador da República que formalizou as denúncias e os pedidos de prisão. Um dos acusados e condenados pela morte do procurador Pedro Jorge de Melo foi o major Ferreira, que ficou mais de uma década na cadeia. Fugiu e voltou a ser preso. O "Escândalo da Mandioca" ganhou as manchetes dos jornais e das revistas em todo o Brasil. Quase diariamente havia matéria sobre o caso no *Jornal Nacional*. A Globo me ofereceu segurança, mas não aceitei. Precisava continuar trabalhando apenas com a minha equipe. Assim, denunciei toda a quadrilha.

Na Paraíba, a missão era desmascarar o "Sindicato da Morte". Na cidade de Campina Grande, a segunda maior do estado, muita gente estava sendo assassinada. Os corpos eram jogados em locais ermos, sempre com uma luva branca sobre as vítimas. Foi criada a paranoia do "Mão Branca", amedrontando a população. Na redação da afiliada da Globo em Campina Grande, procurei informações, mas ninguém queria dizer nada sobre o assunto. Todos temiam represálias. A imprensa local só noticiava os crimes, mas não apurava os fatos para chegar aos autores. Até que um repórter local me disse:

— Aqui todo mundo sabe quem comanda esse "Sindicato da Morte", mas ninguém fala nada. Até anunciam nas reuniões de fim de tarde no calçadão da cidade quem vai ser o próximo a morrer e onde o corpo será encontrado. A impunidade é total, porque os integrantes do grupo são da polícia. Há uma lista de pessoas marcadas para morrer.

O repórter me chamou à parte e sussurrou os dois nomes que eu procurava: José Basílio e Cícero Tomé, supervisor da polícia. Um deles tinha uma agência de venda de automóveis, para onde fui em seguida. Entrei, como sempre, com a câmera ligada. Fui até a sala onde ele estava e fiz a pergunta:

— Você é o Mão Branca?

O homem ficou branco, transtornado e raivoso. Levantou, tentou me empurrar para sair da sala, mas era menor que eu. E, no diálogo áspero que se seguiu, o agente soltou uma frase:

— Aqui a gente só mata cabra safado!

Identifiquei o resto do bando. Todos da mesma delegacia de polícia da cidade. A matéria entrou com destaque no *Jornal Nacional*. O governador da Paraíba, Tarcísio Burity, envergonhado com a repercussão do caso em todo o Brasil, mandou prender os policiais acusados na reportagem. O descaso era tanto que, uma semana depois, todos foram soltos.

Voltei a Campina Grande e denunciei a impunidade da polícia do Mão Branca. Todos foram presos mais uma vez e julgados. O chefe do grupo, José Basílio, morreu na cadeia. Esses fatos impulsionaram o início da minha carreira. Um repórter de esportes que estava começando no jornalismo investigativo, já na reportagem geral, cobrindo temas factuais em todo o Nordeste.

Os métodos eram bem diferentes dos tempos atuais, mas inteiramente integrados à realidade regional, onde prevalecia a lei dos mais fortes e da pistolagem. Minhas armas eram o microfone e a câmera.

Tim Lopes se tornou um símbolo do jornalismo investigativo na televisão. Um herói solitário, que perdeu a vida quando apurava a ação de traficantes em bailes funk nos morros do Rio de Janeiro. Com a morte dele, foram reduzidas a audácia e a liberdade das investigações. As emissoras passaram a adotar medidas de segurança mais rigorosas. Até mesmo para Eduardo Faustini, que considero o jornalista investigativo mais atuante da TV, pelas denúncias que faz a cada domingo como repórter secreto do *Fantástico*.

# Bastidores dos debates políticos

Fui mediador de todos os debates políticos da Globo Nordeste, desde a primeira eleição para governadores estaduais, após a abertura política, de 1982 até 2012. Foram trinta anos comandando esses eventos. Houve um dia em que mediei três debates. Pela manhã, os candidatos ao governo do Rio Grande do Norte foram para o estúdio, no Recife, e gravamos o programa com eles. À tarde, chegaram os candidatos ao governo da Paraíba. E à noite, ao vivo, o debate histórico com apenas dois candidatos de Pernambuco: o lendário Miguel Arraes, que havia voltado do exílio, e José Múcio, hoje ministro do Tribunal de Contas da União — um confronto político de alto nível, que marcou a volta de Arraes ao governo do estado. Os três debates foram ao ar simultaneamente, durante a noite, em Natal, João Pessoa e no Recife.

Nos primeiros encontros entre candidatos a prefeitos e governadores, não havia as regras rígidas que existem hoje, quando os textos são padronizados em todos os estados e os mediadores se limitam a marcar o tempo dos candidatos. No sistema antigo, num dos blocos as perguntas eram feitas pelo apresentador. Em muitas praças, as equipes de produção se reuniam para discutir e preparar essas perguntas.

A diretora de Jornalismo no Recife, Vera Ferraz, que ficou no cargo por vinte anos, deixava as perguntas a meu critério. Nem ela queria saber. Ficavam apenas na minha memória, protegidas a sete chaves. Na hora, eu disparava os torpedos inadmissíveis no mundo global atual, pois eram contundentes, perguntas fora dos padrões.

Eu me lembro de um candidato a prefeito do Recife, Newton Carneiro, que teve oito mandatos como deputado estadual e queria ser eleito para a prefeitura da capital distribuindo caixões de defunto. Ele contabilizava mais de mil sepultamentos que teria ajudado a realizar. Fiz então a seguinte pergunta ao vivo:

— O senhor é doido?

Ele respondeu com tranquilidade:

— Não sou doido, não! Meus adversários políticos que inventaram isso. Mas as famílias dos mortos, que não têm dinheiro para o sepultamento, recebem o caixão como uma ajuda. E votam em mim...

Nesse mesmo debate, havia o candidato que se tornou deputado federal dos mais atuantes, André de Paula, mas que naquela época estreava na política. Recife passava por um surto de cólera muito forte, na periferia, onde eu fazia matérias quase todos os dias. A pergunta para ele foi:

— O senhor sabe onde fica o canal de Santa Rosa, que possui o maior foco da cólera no Recife?

Um pretendente ao cargo de prefeito deve pelo menos saber onde estão os maiores problemas da cidade que pretende governar. Mas ele não sabia, nem estava preparado para a pergunta. Assim como outro candidato, a quem perguntei se sabia o preço de uma passagem de ônibus de Casa Amarela, o bairro mais populoso do Recife, para o centro da cidade. Ele, que propagava a solução para o transporte urbano como meta eleitoral, não sabia nem quanto os moradores gastavam para ir ao trabalho.

Já houve um caso em que o candidato entrou no estúdio carregando uma zebra. Isso mesmo: um bichinho de pelúcia, listrado como os animais das savanas africanas. Ninguém o conhecia, e ele se considerava a "zebra" da eleição. E ainda queria que eu o chamasse de Zebra. Aleguei que o prefeito do Recife não podia ser um animal e mandei confiscar o bichinho que ele levou para a sua bancada. O regulamento vigente não permitia exibir sequer documentos.

Em outro debate, com políticos da Paraíba, um candidato entrou carregando um monte de pastas com papéis que pretendia exibir. Fui informado por um jornalista paraibano de que o candidato havia falado numa entrevista de rádio, em João Pessoa, que ia participar só pra bagunçar o debate e denunciar os "desmandos da Rede Globo". Antes de começar, todo mediador esclarece as regras, pede para respeitarem o tempo e expõe alguns detalhes que todos precisam saber. Deixei claro que o regulamento assinado por eles, concordando com os itens, não permitia exibição de papéis, fotografias, cartazes ou qualquer outra coisa.

Começou o debate, e, quando chegou a vez do tal candidato, ele aproveitou seu tempo para dizer "que estava ali sendo censurado. Que não deixavam ele mostrar os documentos que provavam a corrupção no governo da Paraíba. Que a Globo era capacho do governo, uma multinacional! Que a emissora o perseguia porque ele era de esquerda".

O candidato falou mais um monte de asneiras, até que terminou o seu tempo de dois minutos. Cortei, como sempre fiz com todos os participantes que excedem o tempo. Peguei os papéis que estavam em cima da bancada dele, ao meu lado, e mostrei que não passavam de um amontoado de recortes de jornais velhos que o regulamento não permitia exibir. Joguei a papelada ao lado do cenário e continuei o debate sem novos incidentes.

Em 2006, no debate do primeiro turno de uma eleição disputadíssima em Pernambuco, o candidato do PSOL (Partido Socialismo e Liberdade), Edilson Silva, disse que estava concorrendo com mensaleiros e vampiros. Imediatamente, o candidato do PT (Partido dos Trabalhadores), Humberto Costa, que tinha sido ministro da Saúde do governo

Lula, pediu direito de resposta, porque se sentiu ofendido. Caiu nele a carapuça de vampiro, alusão a um dos escândalos da época na área da saúde que resultou na prisão de funcionários do ministério por superfaturamento nos preços dos remédios. Pelo ponto eletrônico que os editores usam para se comunicar com os apresentadores, recebi a orientação da diretora regional de Jornalismo, Jô Mazzarolo, responsável pela produção do programa:

— Não dá o direito de resposta, porque não houve ofensa direta a ele. O regulamento diz que o direito de resposta só é devido quando há ofensa direta.

Neguei o direito de resposta. Logo em seguida, no intervalo do bloco, entrou no estúdio o marqueteiro do candidato e veio direto para mim, dizendo que eu estava sendo parcial, que não podia negar o direito de resposta. Houve xingamentos de ambos os lados, mas tudo isso se resumiu aos bastidores. Recomecei o debate com a maior naturalidade, e só quem acompanhava no estúdio montado no palco do Teatro Guararapes tinha conhecimento desses fatos lamentáveis. Era puro desespero de campanha, porque dois dias depois o candidato que ficou incomodado com o termo "vampiro" perdeu a chance de ir para o segundo turno.

Surgia ali um fenômeno na política: Eduardo Campos, que pulou do terceiro lugar nas pesquisas e ganhou sua primeira eleição para o governo de Pernambuco. Quatro anos depois, conseguiu o segundo mandato. Tinha grandes atuações nos debates e estava preparado para um voo bem mais alto. Em 2014, participou de longa entrevista na bancada do *Jornal Nacional* como candidato à Presidência da República, respondendo a uma série de perguntas de Patrícia Poeta e William Bonner, mas, no dia seguinte, seu avião caiu em Santos, destruindo precocemente uma carreira brilhante.

Lamentei não ter sido chamado para a cobertura jornalística de sua morte. Os repórteres que participaram mostraram em detalhes o acidente aéreo e suas consequências irreparáveis para o estado de

Pernambuco, onde Eduardo Campos governava com mais de 80% de aprovação.

Na eleição para prefeito do Recife em 2012, fui substituído na direção dos debates na Globo Nordeste pelo meu amigo Márcio Bonfim, apresentador do NE-1, o noticiário local do meio-dia, um dos profissionais brilhantes da nova geração. Atribuo às minhas atuações nesses debates o fato de ter sido convidado oficialmente para ser candidato a vice-prefeito do Recife.

Os argumentos eram fortes. Em 1988, o então deputado federal e ex-ministro do Interior no governo Sarney, Joaquim Francisco, candidato a prefeito do Recife, foi à minha casa com uma pesquisa do Ibope nas mãos. Ele queria que eu fosse vice na sua chapa. E mostrou a pesquisa, dizendo:

— Olha aqui a pesquisa. Eu vou ganhar a eleição pra prefeito. Não há nenhuma dúvida. E dois anos depois vou ser o governador de Pernambuco e você assume a prefeitura.

Joaquim Francisco realmente ganhou as duas eleições. E o seu vice se tornou prefeito do Recife. Fiquei curioso! Se ele estava tão certo de que ia ganhar com base na pesquisa, por que queria que eu fosse seu parceiro de chapa? Perguntei a razão do convite, uma vez que nunca me envolvi em política, a não ser na mediação dos debates e nas reportagens factuais! Sempre considerei que não devemos envolver ideologia pessoal com a atividade jornalística, que deve ser sempre isenta.

Ele disse que havia dois itens na pesquisa: "Em quem você mais confia e quem é a pessoa mais conhecida de Pernambuco?". A resposta para ambas as perguntas era "o repórter Francisco José". Agradeci, mas nem pensei em aceitar o convite. Argumentei que já estava credenciado para cobrir a Olimpíada de Seul e jamais deixaria de ser jornalista. Concluí dizendo que o povo confiava em mim até o momento em que assinasse a ficha do partido dele. A confiança é graças à seriedade do meu trabalho jornalístico.

# Presídio de Minas

Setembro vermelho no presídio de Minas Gerais, em 1987. Diariamente havia presos assassinados dentro das celas. As vítimas eram escolhidas por sorteio, entre os integrantes do grupo que liderava o esquadrão da morte. O nome do preso sorteado era enviado num papel dobrado, que passava de cela em cela, até chegar ao local da execução. O bilhete da morte tinha o nome de "catatau". Os detentos consideravam que era uma forma de protestar contra as condições do presídio. O número de vítimas nessa roleta-russa sangrenta só aumentava, sem qualquer controle das autoridades. Era o tema em maior evidência no noticiário nacional, embora o governo mineiro não permitisse a entrada da imprensa nos locais do conflito.

Alice-Maria, então diretora de Jornalismo da Rede Globo, ligou pedindo que eu viajasse imediatamente ao Rio, sem adiantar o assunto. No dia seguinte, em sua sala, na sede do Jardim Botânico, ela jogou sobre a mesa as revistas *Veja* e *IstoÉ*, que traziam o mesmo tema nas capas: "Severino, Senhor da Vida e da Morte" e "Mortes no presídio de Minas". Alice fez um comentário, seguido por uma orientação de pauta:

— Está vendo aí, o novo herói nacional? Severino, o matador. Ele é lá da sua terra. Nós queremos que você faça dois ou três blocos do

*Globo Repórter*, para esta semana, enfocando a realidade no presídio de Minas. Mas é para mostrar esse Severino como bandido, e não como herói. Vai lá! Jotair Assad (um grande editor) já está te esperando com a equipe. Boa sorte!

A primeira dificuldade era conseguir entrar no presídio. A direção falou com o então governador, Newton Cardoso, e ele mandou liberar o acesso para toda a imprensa. Quando chegamos ao local, havia um batalhão de repórteres, cinegrafistas e fotógrafos na porta, esperando para entrar. Representando a Globo de Minas estava a repórter Valeria Sffeir, que foi correspondente em Londres e nos deixou com muita tristeza em 2010, vítima de câncer.

Precisávamos vencer o segundo obstáculo. Como íamos fazer uma matéria na terça-feira para ser exibida na sexta, se todos os telejornais, inclusive o *Jornal Nacional*, iam publicar naquele mesmo dia? Procurei fazer um acordo. Chamei o diretor do presídio e expliquei aos colegas da imprensa que eles estavam fazendo o factual, para os noticiários daquele dia, enquanto o *Globo Repórter* só usaria praticamente a mesma reportagem três dias depois.

Com a anuência do diretor, pedi que eles entrassem e fizessem primeiro tudo que tinham direito. Depois eu entraria só com a minha equipe, para tentar fazer diferente. Era um risco, mas pelo menos não teríamos o nosso microfone junto com todos os outros, gravando as mesmas declarações. Eles concordaram. E, enquanto todo mundo entrou em direção à cela dos líderes da bandidagem, eu fui à administração e pedi para ver a ficha do Severino. Ele havia sido condenado por vários crimes, e, no dossiê de avaliação de saúde, constava um laudo surpreendente. Tirei uma cópia e guardei no bolso.

Voltei para o local onde havia deixado os repórteres. Estavam todos reunidos na entrada. Usei uma expressão mineira:

— Uai, vocês já fizeram as gravações? Foi tão rápido assim?

Valéria Sffeir esclareceu:

— Não, Chico! Os presos não deixaram a imprensa entrar. Voltamos do corredor onde ficam as celas. Gritaram um monte de palavrões para a gente, bateram nas grades, ameaçaram, foi um horror! O Severino, com o grupinho dele que ordena as mortes, está na última cela, do lado direito do corredor. Foi de lá que começou o tumulto, e a gente teve que voltar. Conseguimos algumas imagens, mas falar com os caras está fora de cogitação!

Rapidamente, pensei no que eu deveria fazer para não voltar sem a matéria e tomei a decisão: pedi a chave da cela do Severino ao diretor do presídio. Ele achou uma loucura e negou com veemência:

— Isso aqui é uma área de segurança máxima. Ninguém entra aí. Nós não temos condições de lhe dar proteção nem pra chegar perto da cela.

— Diretor, pelo que eu sei isto aqui é área de insegurança máxima, por isso eles matam todos os dias. Mas não estou pedindo para o senhor me dar proteção. Vou sozinho. Quando eu entrar no recinto dos presos, nosso auxiliar técnico vai fechar a porta por fora. A câmera do Foguinho vai ficar gravando do lado externo da grade. A responsabilidade é toda minha.

Um repórter de outra emissora argumentou que se eu fosse até lá ele queria ir também. Quando eu disse que ele podia ir na frente, logo desistiu. O administrador do presídio finalmente concordou. Combinei rapidamente toda a ação com a minha equipe, para que só eu corresse algum risco. E entrei gravando, seguido pela câmera. Enquanto andava pelo corredor, com os presos amontoados nas grades, de um lado e do outro, falei alto para que todos ouvissem:

— Este é o corredor da morte, onde ficam os presos sorteados para morrer. Aqui estão os piores bandidos de Minas Gerais. E esta é a cela 13, onde fica o bando do Severino. É daqui que saem as ordens para matar nas outras celas.

Abri a porta, entrei, sempre com o microfone na mão, narrando, enquanto o auxiliar fechava a grade por fora. Havia sete presos ali. Todos condenados por crimes hediondos. Severino estava sentado no chão, encostado na parede. Fui até lá e falei firme:

— Levanta pra falar comigo em pé!

Apesar da redundância, ele levantou. E eu perguntei:

— Você é louco?

A resposta foi simples, ainda sem violência:

— Não sou louco coisa nenhuma! Isso é mais uma acusação falsa que estão fazendo contra mim!

Tirei a cópia do laudo médico do bolso e li pra ele:

— Olha aqui o que consta no seu exame de saúde: esquizofrenia aguda, transtornos delirantes e psicóticos.

A partir daí, o matador se tornou autêntico. Esbravejou, deu murros na parede, xingou. Repetiu que não era louco, que estava sendo perseguido. As imagens mostravam a realidade.

Ainda perguntei a outro preso como eles matavam no presídio, já que não possuíam armas. Imediatamente ele enrolou uma camisa e a passou por trás no pescoço de outro preso que estava fazendo gracinha para a câmera. A cena foi tão violenta que Jorge Pontual, diretor do programa, mandou a arte incluir alguns efeitos para que a imagem ficasse distorcida na edição final. Muito chocante!

A cobaia estava com a língua de fora, o rosto vermelho, prestes a ser sacrificada. Tive que intervir. Gritei para soltarem o preso. Só queria saber como eles agiam. Davam o nome de "Teresa" à camisa que usavam enrolada como arma para matar. A matéria foi ao ar na sexta-feira, com a denúncia completa. Na segunda, o matador foi transferido para o manicômio de Barbacena. Nunca mais ouvimos falar do Severino, Senhor da Vida e da Morte.

# MERGULHO NO *BATEAU MOUCHE*

ESTÁVAMOS FAZENDO A COBERTURA da Procissão Marítima em Angra dos Reis, no dia 1º de janeiro de 1989, quando soubemos da tragédia do *Bateau Mouche*, na noite anterior. A bordo estavam 142 pessoas que iriam passar o Réveillon no mar, assistindo à queima de fogos na praia de Copacabana. O barco não tinha capacidade para tanta gente, nem tinha condições de enfrentar o mar aberto, e afundou na baía de Guanabara, poucos minutos antes da virada do ano, matando 55 pessoas. A atriz da Globo Yara Amaral estava entre as vítimas. O que seria uma noite de festas para comemorar a chegada do Ano-Novo passou a ser um episódio de comoção nacional, com o Brasil inteiro lamentando a tragédia.

O diretor Alberico Souza Cruz convocou para uma reunião na sede do Jardim Botânico, no Rio, todos os repórteres do Núcleo de Reportagens Especiais: Caco Barcellos, Ernesto Paglia, Pedro Bial, Ilze Scamparini, Domingos Meirelles, Carlos Dornelles, Isabela Assumpção, Marcelo Rezende, Renato Machado e eu. Cada um sugeria a matéria que queria fazer: a família da atriz; os sepultamentos; as buscas por sobreviventes; a ação da Marinha. Caco foi procurar os donos do barco. E eu pedi para mostrar o *Bateau Mouche* no fundo do mar, o que considerava diferencial da cobertura, pois dificilmente outra emissora iria fazer. As imagens, além de comoventes, seriam exclusivas.

Foi uma correria para conseguir a câmera submarina, alugar o barco e o equipamento de mergulho. Fomos encontrar em Niterói o *cameraman* e mergulhador Wandick Acácio, do setor de novelas. E pela primeira vez trabalhei com Lúcio Rodrigues, cinegrafista gaúcho recém-chegado ao Rio de Janeiro, com quem futuramente seria parceiro em diversas matérias. Era a estreia dele no *Jornal Nacional*. Só às quatro da tarde chegamos ao local do acidente, que estava cercado por barcos da Marinha e dos bombeiros. Não podíamos nem nos aproximar daquele cenário. Mesmo a distância, começamos a vestir roupa de mergulho e nos equipar. Uma lancha rápida da Marinha veio em nossa direção, e o oficial gritou:

— Negativo! Área restrita. Aqui está proibido mergulhar. Retirem a embarcação daqui imediatamente!

Sempre tem alguma autoridade tentando impedir o trabalho jornalístico, muitas vezes com o intuito de não revelarmos os erros que estão cometendo. No caso da Marinha, eles não podiam ter liberado o *Bateau Mouche* para navegar em alto-mar, com o dobro de passageiros a bordo. Mas aí vem o dilema do repórter. Ser educado, obedecer à ordem do oficial e voltar para a redação sem a matéria? Cumprir as regras de segurança? Ou descumprir a ordem, já que não sou militar, enfrentar a situação e fazer a matéria? Esta foi a minha decisão. Fiquei olhando tudo de longe, com o barco em movimento, até perceber que havia uma boia, amarrada a um cabo submerso, por onde acabara de subir um mergulhador. Ele devia estar voltando do naufrágio. Pedi ao comandante do nosso barco para passar perto da boia, e pulamos na água.

A visibilidade era de apenas cinco metros na água turva. Descemos praticamente no escuro, mas conseguimos chegar ao fundo da baía, a 27 metros de profundidade, e encontramos o barco da morte. Um amontoado de cadeiras impedia que chegássemos até a boate, onde estavam os últimos corpos, que só foram resgatados no dia seguinte.

Mostramos o barco por dentro, mas faltava ainda encontrar o nome, *Bateau Mouche IV*, na parte externa. Dei a volta completa e não encontrei, já que não conseguíamos ver o barco por inteiro. Percebi que ele estava inclinado. Subi, e lá estava o nome. Wandick fez a imagem que se tornou símbolo no *Jornal Nacional*, exibida sempre que os apresentadores falavam na tragédia.

Uma das etapas mais difíceis daquela maratona em busca de um diferencial de cobertura era chegar à emissora e editar a tempo de entrar no *Jornal Nacional*. Na realidade, a matéria nem estava no espelho, na paginação do jornal, sem previsão para ir ao ar, porque ninguém acreditava que fosse possível mostrar o naufrágio. Era uma aposta. Se chegasse a tempo, seria o grande destaque da edição.

No retorno, ainda navegando, fui para um canto mais silencioso da cabine, pedi ao Lúcio para ligar a câmera e gravei o áudio da matéria, de improviso, narrando pela ordem dos acontecimentos toda a nossa odisseia. Contei em detalhes como encontramos o barco lá embaixo.

Chegamos à Marina da Glória quase às sete da noite. Pelo rádio (ainda não havia celular), falei com o chefe de reportagem, Renato Ribeiro, hoje diretor de Esportes, confirmando a matéria. Havia um motoboy esperando para levar a fita com a gravação. Sentei na garupa da moto, com as fitas da matéria na mochila. Passamos pelo túnel Rebouças em alta velocidade, pelo meio dos carros, fazendo um barulho ensurdecedor. Senti mais adrenalina do que durante o mergulho. Entrei apressado pelos corredores da Globo, ainda com roupa de mergulho, quando vi que o *Jornal Nacional* estava no ar.

Na ilha de edição, o editor de imagens Toninho Bareta foi de uma agilidade incrível. O tempo passava rápido demais. Ia começar o quarto dos cinco blocos do telejornal quando a matéria foi finalizada. Fui ligar a TV na sala do Núcleo de Reportagens Especiais, e o motoboy me acompanhou. No último bloco, Cid Moreira entrou com aquele vozeirão, tendo a imagem com o nome do barco projetada na tela ao seu lado, dizendo:

— Exclusivo!!! Nossos repórteres mergulham na baía de Guanabara. Vocês vão ver agora as primeiras imagens do *Bateau Mouche* no fundo do mar.

O boa-noite de Cid veio logo após a matéria, e o motoboy pulou de alegria, gritando:

— Conseguimos! Conseguimos! Nossa matéria foi um arraso total!

Naquele desabafo de euforia, do qual eu também participava, aprendi mais uma lição: como é importante valorizar o trabalho de equipe. Se não fosse pelo motoboy, a reportagem não teria sido exibida no *Jornal Nacional* menos de 24 horas depois da tragédia.

As pessoas esperavam ver na Globo todas as informações relevantes sobre o caso que abalava o país. Nós tínhamos contribuído para isso! Daí o meu reconhecimento a todos aqueles que trabalham na retaguarda, no Cedoc (o nosso arquivo), na manutenção, na informática, no transporte, no controle técnico, nas ilhas de edição, na redação, nas unidades de apoio, na produção.

O repórter se torna conhecido porque aparece no vídeo, mas há um batalhão de profissionais anônimos participando diretamente para que os telejornais aconteçam. Tive a honra de trabalhar com editores de imagens extraordinários, como José Almeida, que considero um gênio, Jucielo, Bosco, Alexandre, Lilian Cavalheiro, José Carlos, Adriana Nagle, Susy Altman, Gigi, Roberto Cavalcanti, Nadja, Dimitri e tantos outros que valorizam as reportagens com sua arte.

No Rio de Janeiro, durante a Conferência das Nações Unidas sobre o Meio Ambiente e o Desenvolvimento, a ECO 92, os profissionais da engenharia, liderados por Amorim e Lobo, montaram uma miniemissora de TV numa traineira, instalando parabólicas e toda a parafernália necessária para uma entrada ao vivo do fundo do mar na pequena embarcação.

Eu sabia que um grupo de mergulhadores ia retirar o lixo de um naufrágio nas ilhas Cagarras, em frente à praia de Copacabana. No início, parecia loucura. Ninguém nunca havia entrado ao vivo assim.

Mas o pessoal topou o desafio. Fomos à noite para o mar, numa traineira cheia de tralhas para emitir o sinal até o morro do Sumaré, onde ficam as antenas das emissoras. Mergulhei, e deu tudo certo no teste. Áudio e vídeo chegaram com perfeição à TV, em condições de ir ao ar.

Na cabeça dos editores, havia muitas dúvidas se ia dar certo. Para alguns, era "mais uma loucura do Chico José". O apoio da engenharia, confirmando que tecnicamente era possível, foi fundamental. No comando da cobertura, Carlos Henrique Schroder e Alberico Souza Cruz decidiram correr o risco. Convenci os mergulhadores a fazer a limpeza no navio à noite, no horário mais nobre do telejornalismo brasileiro.

Às oito da noite eu estava no barco, só esperando o momento exato de pular na água fria. A técnica adaptou um fone de ouvido para que se tornasse resistente à água salgada e providenciou cabos de áudio e vídeo com cem metros de extensão, que ficavam presos ao meu corpo e à câmera, para levar a imagem e o som até o equipamento de geração na traineira. Eu ouvia a coordenação e a programação da TV. O *Jornal Nacional* entrou no ar, e finalmente recebemos o sinal que esperávamos:

— Manda o Chico se posicionar no navio.

Pulei do barco e, no impacto com a água, perdi o fone do ouvido esquerdo. O cabo se rompeu. Desci assim mesmo. O navio já estava iluminado, e os mergulhadores recolhiam sacos de plástico, garrafas, todo tipo de sujeira que segue com as correntes marinhas e havia se acumulado no naufrágio. Logo em seguida, eu estava posicionado na frente da câmera, com o retorno da programação apenas no ouvido direito.

Ainda bem que eu havia tomado café da manhã no hotel, com o meu amigo apresentador Carlos Nascimento, que estava na bancada do *Jornal Nacional* naquela noite. Eu já sabia quais perguntas ele iria fazer. A máscara de fonia, que permite ao mergulhador falar embaixo d'água, era sufocante, bem diferente dos equipamentos modernos que existem hoje.

De repente, uma voz deu o comando final:

— Atenção, Chico, o Nascimento vai te chamar agora.

Respondi às três perguntas que ele fez. Dei detalhes do local onde estava e mostrei que a iniciativa daqueles mergulhadores era para evitar que as pessoas jogassem lixo nos rios e no mar, que aquela sujeira prejudicava a fauna marinha. E encerrei dizendo:

— Francisco José, ao vivo, do fundo do mar para o *Jornal Nacional*.

Confesso que eu estava mais morto do que vivo. Era difícil suportar aquela máscara sufocante. Mas foi compensador, por ser inédito, bem no espírito de preservação da ECO 92. O telão onde estava sendo realizada a Conferência, no Riocentro, mostrou a entrada ao vivo. Chamou muita atenção e provocou dúvidas: será que foi ao vivo mesmo? Outras emissoras foram confirmar, inclusive a TV japonesa.

Mais recentemente, voltei a fazer uma tentativa de falar ao vivo direto de um naufrágio no litoral de Pernambuco para o programa *Mais Você*, de Ana Maria Braga. Tivemos problemas técnicos, e a transmissão não foi perfeita. Mesmo assim, mostramos a fauna marinha concentrada nos naufrágios artificiais. Eu não desisti de voltar a entrar ao vivo do fundo do mar.

Nas Bahamas, consegui gravar bem, com uma moderna máscara de fonia. Não havia dificuldade para puxar o ar do cilindro e pude ficar à vontade no naufrágio, cercado de tubarões. Havia uma caixa de aço cheia de peixes atrás de mim para atrair os bichos. Fiquei em pé, na proa do navio que foi cenário de um dos filmes de James Bond, com os tubarões passando na minha frente.

Usei uma estratégia de marketing para chamar a Expedição Bahamas, que resumia o que o telespectador iria ver em quatro matérias. O resultado foi altamente positivo, e alcançamos excelentes índices de audiência na série Bahamas. Afinal, não é todo dia que alguém fala a vinte metros de profundidade, cercado por tubarões.

## NAUFRÁGIOS HISTÓRICOS

EM MARÇO DE 1997, PARTIMOS DE SHARM EL SHEIKH, no Egito, para mergulhar em um dos naufrágios mais famosos do mundo, o SS *Thistlegorm*. Um imenso navio cargueiro construído em Glasgow, na Escócia, em 1940, e afundado logo no ano seguinte, durante a Segunda Guerra Mundial, por dois bombardeiros alemães no mar Vermelho.

Descemos a trinta metros de profundidade e conseguimos entrar nos porões do *Thistlegorm*, onde havia dezenas de motocicletas. Sentei em uma delas, como se estivesse andando de moto no fundo do mar, apenas por curtição. Minha companheira de mergulho nesse naufrágio histórico foi Lola Fritzsche, que ganha a vida filmando o fundo do mar de Fernando de Noronha. Ela gravou belas imagens do mar Vermelho para o *Globo Repórter*. O cargueiro que afundou quando estava a serviço do Exército britânico foi descoberto numa expedição submarina comandada pelo oceanógrafo e documentarista francês Jacques Cousteau. No Nordeste brasileiro, quem descobre os naufrágios históricos são os pescadores.

Há vinte anos, um pescador da colônia de Pau Amarelo, no litoral norte de Pernambuco, passou a chamar a atenção dos outros pescadores. Ele saía para pescar sempre de madrugada, quando ainda estava escuro, e só voltava ao anoitecer, com o barco carregado de peixes. Foi questionado pelos seus companheiros da colônia:

— Ô Toinho, onde tu está pescando, que ninguém te vê no mar e tu chega todo dia carregado, enquanto a gente não tá pegando quase nada? E ainda mais com esses peixes de qualidade!

Toinho respondeu que levava o seu barquinho pra muito longe, guiado pelas estrelas, e estava pescando no "navio do óleo", que ninguém conhecia. Revelou ainda como encontrou o refúgio de tantos peixes: "Com o dia amanhecendo, vejo o reflexo do óleo na água, brilhando com o sol". A notícia logo se espalhou e chamou a atenção do mergulhador Peninha, que foi ao encontro do pescador. Ofereceu uma quantia a Toinho para levá-lo até as manchas de óleo. E constatou que não era história de pescador.

Aquele óleo concentrado no mesmo lugar da superfície indicava que havia um naufrágio. Peninha organizou uma expedição de mergulhadores e fomos todos para alto-mar, guiados pelo GPS, que ainda era uma novidade. Até eu considerava difícil acreditar que aquele aparelhinho fosse nos levar a um ponto perdido no meio do oceano, guiados por informações de satélite. Viajamos numa lancha por 27 milhas náuticas, que correspondem a cinquenta quilômetros, a partir do porto do Recife. O mergulhador de Noronha, Randal Fonseca, me acompanhou para gravar as imagens.

Descemos a sessenta metros de profundidade, ainda respirando ar comprimido, hoje impróprio para esse tipo de mergulho profundo. Usamos antigos coletes *back jac*, de forma quase primitiva, com grande risco de sofrer narcose, um tipo de intoxicação por gases que provoca a chamada "embriaguez da profundidade". Seguimos a tabela de descompressão, que, baseada na profundidade, calcula o tempo em que o mergulhador pode respirar embaixo d'água sem correr o risco de perder os sentidos. Só podíamos ficar quinze minutos no naufrágio e na volta tivemos que passar 58 minutos em sucessivas paradas de descompressão, para eliminar os gases inalados durante o mergulho profundo da corrente sanguínea.

Randal garantiu imagens perfeitas da embarcação, que está inclinada no fundo do mar. Encontramos cargas de explosivos no naufrágio, sinal de que o carregamento tinha alguma ligação com a Segunda Guerra Mundial. O que chamou mais a atenção foi o canhão de proa, indicando que aquele era um navio de guerra.

Voltamos para terra, empolgados e frustrados ao mesmo tempo, pois não conseguíamos identificar aquela descoberta. Seria mais um mistério, como o *Vapor 48*, também na costa de Pernambuco, um naufrágio cuja origem até hoje não se sabe ao certo. É um vapor muito antigo, que ganhou esse nome por estar a 48 metros de profundidade.

Telefonei para o almirante Max Justo Guedes, criador do Serviço de Documentação da Marinha. Ele pediu a localização do navio afundado, com os dados do GPS. No dia seguinte, voltei a ligar, e ele disse que não havia nenhum registro de naufrágio naquela área. Argumentei que tínhamos as imagens, mostrando as ferragens ainda bem conservadas, com um canhão na proa.

Ele sugeriu que levássemos todo o material gravado para identificação à base naval da ilha de Mocanguê, no Rio de Janeiro, onde um grupo de oficiais aposentados se reunia uma vez por semana para jogar conversa fora. Pelo conhecimento náutico dos veteranos da Marinha, eles poderiam desvendar o mistério.

No auditório da base de Mocanguê, doze ex-combatentes ficaram de olho na tela, curiosos para ver o naufrágio. Quando surgiu a imagem, dois deles pularam gritando:

— É a *Camaquã*! É a *Camaquã*! Acharam a *Camaquã*!!!

Eles eram sobreviventes daquele naufrágio, daí tanta emoção. E comemoraram a descoberta com abraços e choro diante da câmera do *Fantástico*. Gravamos com eles toda a história.

A corveta da própria Marinha afundou acidentalmente, virada por uma sequência de ondas, durante a Segunda Guerra Mundial. Morreram 33 militares. Entre eles, o comandante Gastão Moutinho, que afundou com o navio, em 21 de julho de 1944. Voltei outras cinco vezes à *Camaquã*, nos últimos anos, com equipamento moderno de mergulho, respirando uma mistura segura de gases: nitrogênio, hélio e oxigênio.

Tornou-se o mergulho mais avançado da costa de Pernambuco, onde existem mais de trinta naufrágios. Foi lá que fiz o meu *check-out*, a prova final do meu curso de mergulho técnico, com o mestre Gabriel Gaba, da operadora Aquáticos.

Outra embarcação da Marinha também se tornou atração para os mergulhadores, em Fernando de Noronha. A corveta *Ipiranga*, que afundou em 1983, após bater numa pedra submersa perto da superfície, no local conhecido como Cabeço da Sapata. A embarcação está um pouco afastada da ilha, a 62 metros de profundidade. Sete anos depois do afundamento, a Globo estava gravando a minissérie *Riacho Doce*, no arquipélago. Eu estava lá, por orientação do Boni, que era o diretor-geral da Globo, para dar apoio às gravações, indicando locações, fazendo o meio de campo entre o elenco e os nativos que eu conhecia muito bem.

No final das gravações, pedi aos diretores Paulo Ubiratan e Luís Fernando Carvalho para ficar com a câmera submarina por uma semana e tentar chegar à corveta.

O mergulhador Tonho, um dos mais experientes da ilha, passou o dia arrastando o ferro da âncora no cascalho, até que topou em alguma coisa lá embaixo. Como não há pedras naquela área, Tonho mergulhou e viu a corveta. Dois dias depois, com apoio técnico de Randal Fonseca e Wandick Acácio operando a câmera, nós descemos até lá e gravamos as primeiras imagens da corveta *Ipiranga* no fundo do mar.

Hoje a área é considerada o melhor local de mergulho do país. Meu amigo Patrick Muller, criador da operadora de mergulhos Atlantis, uma das mais completas do país, já fotografou cada detalhe do interior da embarcação. Ele costuma dizer que está cansado de pôr a roupa do comandante no cabide toda vez que entra no camarote, onde a porta do armário está sempre aberta. Mergulhamos lá inclusive à noite, com o cinegrafista submarino Fábio Borges, em matéria do *Globo Repórter*. Visitei mais três vezes a corveta *Ipiranga*, com o mestre Ismael Escote, apenas para curtir as emoções desse mergulho com muita adrenalina.

***

A maior concentração de naufrágios históricos encontra-se na baía de Chuuk Lagoon, na Micronésia. Ali houve a grande batalha naval do oceano Pacífico, em fevereiro de 1944. Aviões norte-americanos bombardearam durante dois dias os navios japoneses abrigados em Chuuk. Cerca de setenta cruzadores, destróieres e navios mercantes carregados de bombas, armas pesadas, tanques e aviões desmontados foram afundados. Durante uma semana, entramos em onze desses naufrágios, no museu submerso da Segunda Guerra Mundial, que se tornou um dos maiores cemitérios de navios do mundo. Encontramos ossadas humanas e máscaras usadas pelos pilotos kamikazes. Mergulhamos fundo na história da guerra.

No entanto, não é preciso ir à Micronésia para encontrar naufrágios da guerra. Mais de mil pessoas foram vítimas de bombardeios navais no Brasil. Os confrontos no mar chegaram bem perto de nós, apesar de pouco sabermos sobre eles. Na costa do Nordeste há navios afundados por submarinos alemães. O *Itapagé*, em Alagoas, é o mais famoso deles. Foi torpedeado em 26 de setembro de 1943 pelo submarino *U-161*. Morreram 22 passageiros e tripulantes no ataque. O *Itapagé* está partido ao meio — é um excelente mergulho.

Há quatro anos, fui chamado por um amigo mergulhador de Alagoas, Vagner Fernando:

— Chico, vem embora para Piaçabuçu, na foz do rio São Francisco, que a gente encontrou um navio tão antigo, ainda construído de madeira e bronze. Um pescador pediu pra gente desenganchar a rede dele nas pedras. Quando nós descemos, a 33 metros, não era pedra. Era um naufrágio de mais de cem anos. O catamarã *Voyager* já está aqui te esperando. Vem logo!

Chegamos rápido ao local da descoberta, que fica a catorze quilômetros mar adentro, a partir da foz do São Francisco. Encontramos de cara, lá embaixo, como uma comissão de recepção, quatro meros-gigantes que vivem dentro das ferragens. Esses peixes estão cada vez mais raros, porque foram muito caçados, mesmo sendo protegidos por leis de preservação. O naufrágio estava coberto de redes, uma vez que aquela é uma área de pesca de camarão, onde os pescadores utilizam redes de arrasto. Pareciam armadilhas para os mergulhadores. Na hora de sair dos labirintos submersos, no interior do navio, havia redes bloqueando a passagem que se prendiam às nadadeiras e dificultavam principalmente os movimentos do cinegrafista Lúcio Borges com a câmera.

Fizemos três mergulhos em áreas diferentes. Foi retirada uma peça de bronze, coberta pela crosta marinha, depois entregue à Capitania dos Portos, em Alagoas. Na peça havia o nome *Thyatira*. Ficou fácil identificar pela internet que se tratava de um veleiro com sessenta metros de comprimento e três mastros. Ele partiu de Londres em 1896, e na sua carga havia oitocentos pacotes de dinamite. Houve um incêndio a bordo. O comandante mandou jogar os barcos salva-vidas na água, e todos os tripulantes sobreviveram. No *Fantástico*, uma arte muito bem-feita reconstituiu o momento da explosão.

A expedição para registrar a descoberta do *Thyatira* foi formada pelos mergulhadores Vagner, Gaba, Chiquinho, Flávia, André, Mineiro e Nico, além da nossa equipe. E o veleiro de três mastros continua lá, há 120 anos no fundo do mar.

Outras embarcações muito antigas foram encontradas no Parcel de Manuel Luís, a 190 quilômetros da capital do Maranhão, São Luís. Uma área submersa formada por rochas de origem vulcânica que vem até perto da superfície – autêntica armadilha para a navegação. Só no início do século passado foi incluída nas cartas náuticas. No tempo das capitanias hereditárias, em 1537, a nau de Aires da Cunha teria afundado após bater em "escolhos", ou seja, nos rochedos submersos do parcel, segundo relatórios da época. Ele vinha de Portugal para assumir a capitania do Maranhão, mas desapareceu no mar com toda a tripulação.

O pesquisador William Thomas descobriu vários naufrágios no parcel. Entre eles, o *Basil*, um cargueiro inglês que desapareceu em 1905 e foi encontrado lá. Fui sete vezes ao Parque Estadual Marinho do Parcel de Manuel Luís e mergulhei no *Basil*, no *Ana Cristina*, no petroleiro *Ilha Grande* e no transatlântico *Uberaba*, que afundou em 1921, com mil pessoas a bordo.

Pelo menos onze dos mais de trinta naufrágios na costa pernambucana foram provocados de forma intencional, para se tornar abrigos para várias espécies marinhas, como um recife artificial. Eles ficam na mesma área de naufrágios históricos, como o *Bahia* e o *Pirapama*, que se chocaram há 129 anos.

Há histórias fantasiosas sobre uma crise de ciúmes entre os capitães dos dois cargueiros por causa de uma mulher. Um deles teria jogado a embarcação contra a outra, e as duas estão no fundo do mar. Tornaram-se moradia dos peixes, contribuindo para a reprodução das espécies e sendo visitadas pelos mergulhadores.

Levo sempre a minha família e os amigos para mergulhar nesses naufrágios. Minha mulher, Beatriz, minhas filhas, Marianne, Carolinne e Carla Beatriz, meus netos, Rafael e Pedrinho, todos têm curso de mergulho. É comum encontrar tubarões dentro dos naufrágios artificiais, mas são de espécies que não atacam, chegando até a se afastar com a aproximação dos mergulhadores.

É muito seguro visitar os navios afundados na costa de Pernambuco, com água transparente e visibilidade perfeita. No final de 2015, perdemos um amigo e grande mergulhador, Edísio Rocha, num desses navios. O corpo só foi encontrado no dia seguinte, ainda equipado, a 23 metros de profundidade. A causa da morte foi um infarto fulminante, que poderia ter acontecido no escritório da empresa dele ou em qualquer outro lugar.

O naufrágio histórico mais badalado do país é o *Príncipe de Astúrias*, na costa de São Paulo, perto de Ilhabela. O transatlântico espanhol afundou há cem anos. Oficialmente, foram registrados 445 mortos e 143 sobreviventes. É o *Titanic* em águas brasileiras, pelo número de vítimas. Havia um carregamento de 40 mil libras em ouro. Por isso, o *Príncipe de Astúrias* é um verdadeiro tesouro no fundo do mar.

# Duas tentativas de cobrir a guerra

Uma guerra bem aqui ao nosso lado, no Atlântico Sul. No início, quando surgiram as primeiras notícias, parecia brincadeira. A Argentina invadiu as Malvinas, ilhas de domínio colonial britânico desde 1883. A então primeira-ministra, Margareth Thatcher, a "Dama de Ferro", declarou guerra aos nossos vizinhos e mandou preparar as forças armadas para atravessar o oceano e retomar as Ilhas Falklands — nome das Malvinas para os britânicos. Eu estava gravando matérias sobre a grave seca no sertão e nem podia imaginar que aquela guerra ia mudar a minha rotina.

Ninguém acreditava que o conflito fosse se agravar e que a guerra realmente acontecesse. Estávamos no ano de 1982 da era moderna. Não era possível que no mundo civilizado 907 pessoas fossem morrer por aquela porção de terra no meio do mar, onde a principal atividade econômica era a criação de ovelhas. A justificativa para a guerra era a localização estratégica para os dois países, mas a vaidade dos governantes não tinha limites, e, quando a frota real partiu em direção ao ponto de divergência, numa viagem de 14 mil quilômetros, a imprensa internacional também se preparou para cobrir a guerra. Todas as equipes de reportagem, inclusive as inglesas, foram para Buenos Aires. O espaço aéreo em direção às Malvinas estava fechado, restrito apenas aos aviões militares argentinos, que levavam tropas e armamento.

No auge da ditadura militar, a Argentina era presidida pelo general Leopoldo Galtieri. O governo tentou conquistar o apoio da população para a guerra e mandou compor uma marcha, "Las Nuestras Malvinas", que tocava o tempo todo nas emissoras de rádio e de TV e nos carros de som pelas ruas.

Os generais passavam comunicados enaltecendo o poder de fogo da nação e pregando a vitória antecipadamente. Quando foi anunciado que o príncipe Andrew iria para a guerra, como piloto de helicóptero, a bordo do porta-aviões *Invincible*, a resposta dos governantes portenhos foi: "Que venga el principito".

O ditador propagava que os argentinos estavam "prontos para enfrentá-los e derrotá-los". E a maior parte do povo argentino acreditava nessas bravatas e se unia ao ufanismo, aos arroubos nacionalistas, portando bandeiras e cantando nas ruas o hino da guerra, de fato acreditando que a modesta força militar portenha fosse derrotar o poderio bélico inglês, sempre preparado para a luta. A Royal Air Force é uma das forças aéreas mais completas do mundo, com mais de mil aviões de combate. Dois porta-aviões, o *Invincible* e o *Hermes,* comandavam a frota que avançava pelo Atlântico para retomar as ilhas.

A imprensa foi "cadastrada" pelos militares argentinos. Cada jornalista tinha o seu crachá. Sem ele, não entrava no Centro de Imprensa, instalado num hotel cinco estrelas em Buenos Aires, único local onde os repórteres tinham "notícias" sobre a guerra. Diariamente era fornecido um "comunicado" com a versão dos militares argentinos. Até que foi aberto um corredor, para que um repórter e um cinegrafista ou fotógrafo de cada veículo de comunicação fossem até Comodoro Rivadavia, a cidade do país que tinha contato direto com as Malvinas. De lá, partiam os aviões e as tropas. Comodoro fica a mais de 1.700 quilômetros da capital.

A Globo enviou o repórter Hermano Henning e o cinegrafista Luiz Demétrio, que já participavam da cobertura na capital argentina. Todos tinham que se apresentar diariamente aos militares no quartel, pela manhã e à tarde, mas isso não durou muito tempo. Quando os oficiais perceberam que ia haver realmente uma guerra — a frota inglesa estava cada vez mais perto —, resolveram expulsar todos os profissionais de imprensa que estavam em Comodoro. Hermano avisou que não tinha como escapar. Os militares iam contar os jornalistas um por um no aeroporto, para ter a certeza de que todos estavam deixando o que eles chamavam de "teatro da guerra".

A expulsão dos jornalistas resultou na minha entrada na cobertura da guerra. A diretora Alice-Maria ligou para o Recife e mandou que eu embarcasse no primeiro avião para o Rio de Janeiro. Na sede do Jardim Botânico, fomos para a sala de Armando Nogueira, o cérebro do nosso telejornalismo. Armando e Alice disseram o que eu tinha a fazer: substituir Hermano Henning, em Comodoro Rivadavia.

— Vai sozinho. Não podemos mandar cinegrafista, porque seria preso logo no aeroporto e teria a câmera confiscada. Não leva nem máquina fotográfica, pra não chamar a atenção. Tem um último avião civil saindo amanhã de Buenos Aires, para buscar os jornalistas. Nossa produção conseguiu que você vá nesse voo. Quando se instalar num hotel, passa o número do telefone do quarto para o nosso escritório em Buenos Aires. Sua missão é entrar com audioteipe diariamente no *Jornal Nacional*, informando tudo que você apurar na cidade, a única que está vivendo o clima da guerra.

Audioteipe era um sistema muito usado na época: aparecia no vídeo o mapa com a localização, uma foto e a voz do repórter, transmitida por telefone e gravada. Alice-Maria disse ainda que Patrícia, a morena bonita que comprava as roupas dos repórteres e tinha todas as minhas medidas, havia providenciado uma mala com casacos e tudo que eu ia precisar para enfrentar o frio na região. Eu me despedi de minha família pelo telefone e parti, bem a tempo de fazer a conexão em Buenos Aires e chegar a Comodoro Rivadavia.

Logo que desembarcamos, senti o drama. Todos os jornalistas estavam enfileirados no salão do pequeno aeroporto, prontos para embarcar de volta. Entre eles, Hermano Henning e Luiz Demétrio. Mal nos olhávamos para não chamar a atenção, mas eu percebia que os brasileiros haviam me reconhecido. Alguns faziam discretos sinais com as mãos. Até que um deles, Nunzio Brigulio, da revista *IstoÉ*, aproveitou um descuido da vigilância, veio até a minha fila e sussurrou:

— Sai daqui agora! Vai para a outra fila e vamos embora daqui. Eles vão te pegar. Vão te prender em um armário. Você não tem nenhuma chance...

Agradeci. Sou grato até hoje ao Nunzio, que mais tarde se tornou secretário de Comunicação do Ministério da Saúde. Ele se arriscou na intenção de me ajudar. Hermano, um dos meus melhores amigos, sabia que eu não desistiria de ficar. Vi a fila dos excluídos sair do aeroporto e entrar no avião. Quando o Boeing da Aerolíneas Argentinas decolou, eu já estava preso. Mas não havia como me mandarem embora. O último avião já estava no céu. Meu plano de ser o último da fila de imigração deu certo. Só podiam entrar cidadãos argentinos, que comprovadamente morassem em Comodoro. Eu, brasileiro, com cara de jornalista e falando portunhol, fui logo levado para uma sala, onde minha mala foi aberta e revirada, mas eles não encontraram nada comprometedor. A não ser o fato de que eu era um intruso, segundo eles, um espião. Tive que responder dezenas de vezes as mesmas perguntas:

— Quem é você? O que veio fazer aqui? Periodista? Só pode ser periodista! Ou espião!

Eu respondia que era executivo da televisão do Brasil. Que estava ali sem câmera, apenas para comprar imagens da TV de Comodoro e gerar para Buenos Aires. Havia sido orientado sobre o que dizer, caso fosse preso. Argumentava que todas as imagens da emissora local só eram liberadas depois de passar pela censura deles, portanto eu não representava nenhum perigo para a segurança. Dei o nome do diretor da TV, que confirmou minha ida. Havia um acordo feito pelo nosso produtor argentino, Naum. Ele confirmava que eu estava ali para comprar imagens e a Globo facilitaria informações e imagens exclusivas da Copa do Mundo, que seria realizada dois meses depois na Espanha.

Tentei me hospedar no hotel onde estavam os jornalistas que foram expulsos, mas todas as vagas na rede hoteleira local estavam reservadas para os militares que iam embarcar para as Malvinas. Paguei bem mais caro para conseguir um quarto no primeiro andar com telefone. Passei a entrar todos os dias no *Jornal Nacional*, com o audioteipe, acompanhado pelo mapa da região e a minha foto no vídeo. Eu tinha que sair diariamente do quarto para comprar os jornais locais e ver o desespero das pessoas nas ruas. À noite, só os veículos militares podiam circular, com os faróis apagados ou cobertos por plásticos.

Comprei um rádio portátil, que passou a ser meu companheiro de todas as horas. Sempre sintonizado na emissora de Comodoro, que falava com os militares nas Malvinas. Ia a pé para o aeroporto, olhar pela cerca o embarque dos soldados. A maioria daqueles jovens não voltou. Morreu de frio ou pelas balas do inimigo. Eram garotos, marchando para embarcar nos aviões, cantando o hino nacional com lágrimas nos olhos. Choravam como crianças que são obrigadas a fazer o que não querem. Aquela guerra não era deles, interessava apenas à cúpula ameaçada de perder o poder, porque o povo não suportava mais o regime ditatorial.

Na cerca onde eu ficava estavam pais, irmãos, namoradas e amigos, todos desesperados, vendo os jovens soldados ir embora. A Argentina teve 649 baixas no conflito. Até eu, que não tinha nenhum parente seguindo para a guerra, ficava emocionado com aquela despedida a distância. E tentei passar essa emoção nos audioteipes. Se houvesse celular naquela época, teria gravado as imagens marcantes, carregadas de emoção.

Um helicóptero argentino caiu próximo a Comodoro devido a uma falha técnica. Morreram oito militares. Dei com exclusividade a notícia das primeiras vítimas da guerra. Não foi o único acidente provocado pelo nervosismo dos *hermanos*. Um caça Mirage voltava avariado para a base, em Puerto Argentino, depois de um combate aéreo. Havia sido atingido por um avião inglês Sea Harrier e estava praticamente em casa, pronto para o pouso, quando foi confundido com o inimigo e derrubado pela defesa antiaérea no seu próprio país. O fogo amigo acabou com a vida do heroico capitão Garcia Cuerva, que pilotava o Mirage.

O ataque ao cruzador *General Belgrano*, atingido por dois torpedos disparados pelo submarino nuclear *Conqueror*, também foi arrasador. Só nesse naufrágio morreram 323 pessoas.

A guerra havia começado pra valer. O hotel parecia um campo de batalha, com militares carregando grandes mochilas e armas chegando e saindo o tempo todo. Um dia, para deixar o hotel em busca de informações, peguei uma vassoura que estava no meu andar e saí varrendo o chão do corredor para não chamar a atenção dos militares, como se fosse funcionário da limpeza. Em outro dia cheguei a sair pela janela do quarto, apoiado por um cano e um batente. Desci do primeiro andar, sem passar pela recepção, que estava cheia de soldados.

Houve uma ocasião em que Renato Machado ligou de Buenos Aires mais cedo que o previsto. Eu ainda estava no banho. Corri enrolado na toalha. Fazia um frio desgraçado, pois não havia aquecedor no quarto. Peguei o telefone, puxei o fio e entrei com ele no local onde eu transmitia o boletim diário: no guarda-roupa. Isso mesmo: eu transmitia o audioteipe de dentro do guarda-roupa, com a porta fechada, para os meus vizinhos de quarto, todos militares, não ouvirem minha voz falando em português, com a entonação de um locutor.

Falei enrolado na toalha. Afinal de contas, iam aparecer no vídeo apenas a minha foto, o mapa e a voz. O que importava era a informação. Tinha que ser muito rápido. Cometi uma gafe na cobertura, quando tarde da noite telefonaram dizendo que Carlos Monforte iria falar comigo. Ainda sonolento, disse ao reconhecer a voz:

— Fala, Caubói! — Esse é o apelido dele!

A resposta foi:

— Estamos no ar!

Fiquei uma semana como o único correspondente da guerra em Comodoro Rivadavia, onde tudo acontecia, enquanto meus amigos jornalistas estavam em Buenos Aires, num hotel de luxo, limitados aos comunicados oficiais. Todos os boletins eram favoráveis à Argentina, que já estava perdendo a guerra. Era constrangedor ler as manchetes falsas dos principais jornais, que estampavam: "ESTAMOS GANANDO". Ganhando maior número de mortos e feridos a cada dia, isso sim! Havia um corredor aéreo para retirar os militares argentinos feridos das ilhas e levá-los até o continente.

Meu tempo de correspondente solitário acabou quando saí para doar sangue. Ouvi pelo rádio um pedido para que os moradores da cidade fossem ao hospital para fazer a doação. Atendi ao apelo e depois fui conversar com os feridos menos graves. Um dos oficiais que haviam me interrogado na chegada, no aeroporto, entrou escoltando mais um grupo de feridos e me viu. Deu voz de prisão antes mesmo de perguntar o que eu estava fazendo ali. Mostrei o esparadrapo cobrindo a veia e disse que estava doando sangue.

O local de doar sangue era na entrada do hospital, e eu estava quase chegando à UTI. O militar disse que já me procuravam pela cidade. O serviço de informações deles revelou que havia um jornalista brasileiro falando de Comodoro Rivadavia. Não havia internet na época, mas a Globo já era assistida em muitas cidades da fronteira, e tanto a minha identidade quanto a localização haviam sido descobertas.

Fui escoltado ao hotel. Voltaram a revirar minha bagagem, jogando tudo sobre a cama e no chão. Deixaram que eu levasse apenas uma pequena mochila, com o necessário para ficar preso no quartel. A mala com as roupas bonitas que Patrícia havia comprado ficou lá para sempre. Passei o meu aniversário, dia 1º de maio de 1982, numa cela muito fria, num quartel. O vento entrava pela grade da janela, aumentando o desconforto.

No dia seguinte, me puseram num veículo do exército, me levaram até a cidade de Trelew, e de lá entrei em um avião militar com destino a Buenos Aires. Voltei para o Recife. Quando entrei em casa, a secretária de Armando Nogueira já havia feito dois contatos, pedindo para eu falar com ele assim que chegasse. Liguei, e Armando mandou que eu fosse para o Rio de Janeiro no primeiro voo. Fiquei apenas uma noite com a minha família.

No Rio, Armando e Alice foram comigo até a sala de Roberto Irineu Marinho, hoje presidente do Grupo Globo. Foi dele a iniciativa de nos mandar de volta, na segunda etapa da cobertura da guerra, pelo Chile, dessa vez com equipe. A ideia era esperar um avião que ia partir de Miami para nos encontrar em Punta Arenas, no estreito de Magalhães, uma das bases mais próximas das ilhas em conflito, ao lado da fronteira com a Argentina.

Um avião com autonomia para chegar da cidade chilena até as ilhas Malvinas. Para isso, foi feito um acordo com a ITN, emissora de televisão inglesa, que mandou para o Chile o seu mais consagrado repórter, Jon Snow, com experiência em outras guerras.

Armando Nogueira perguntou quem eu gostaria de levar como cinegrafista e auxiliar. Sugeri que a escolha fosse de voluntários. Falamos na redação do risco da operação e perguntamos quem queria ir para as Malvinas. Mário Ferreira, que era repórter cinematográfico em Londres e estava de férias no Rio, se apresentou como candidato, desde que alugassem a câmera dele. Foi aprovado. Na engenharia, o voluntário foi Glauco Monsores. Com novos agasalhos na bagagem, para enfrentar o frio em temperaturas abaixo de zero, partimos para Punta Arenas.

Logo após a nossa chegada ao Chile, um helicóptero da Força Aérea Real caiu perto de onde estávamos. Era um modelo Sea King, igualzinho ao que era pilotado pelo príncipe Andrew. Fomos de carro ao local por estrada de terra, guiados pela fumaça.

Não havia militares chilenos nem jornalistas. Nenhum sinal dos tripulantes. Vimos apenas camponeses, que se aproximaram atraídos pelo barulho da explosão. Mário Ferreira gravou as imagens à vontade, sem ninguém por perto para impedir o seu trabalho. A guerra estava chegando ao Chile, que assumiu posição neutra, não apoiando oficialmente nem a Inglaterra, nem a Argentina.

Os chilenos estavam em conflito com os portenhos pelo domínio das ilhas Nueva, Lennox e Picton, no extremo sul do continente, perto do canal de Beagle. Os ingleses se aproveitaram disso. Três dias depois da queda do helicóptero, os tripulantes, que estavam escondidos sem saber se haviam caído no Chile ou na Argentina, apareceram num povoado rural. Como ninguém entendia o idioma deles, o comandante escreveu no chão: Chile? Argentina? E os moradores confirmaram que estavam em território chileno. Eles festejaram, abraçaram os camponeses e se entregaram às autoridades do país.

Foram levados para um hospital e depois retornaram a Londres, sem nenhuma restrição, como um presente de Pinochet ao Reino Unido, quebrando o disfarce da neutralidade. Antes de partir de volta para casa, o tenente Hutchings, que comandava o helicóptero, revelou que eles queimaram a aeronave logo após o pouso forçado. Sem autonomia de combustível para voltar ao porta-aviões, eles pousaram e destruíram o helicóptero. Entre cair no mar e se entregar ao governo chileno, preferiram se tornar heróis vivos. E conseguiram. Foram recebidos com festa e condecorações em Londres.

O avião anfíbio que sairia de Miami para nos levar até as ilhas não conseguiu chegar ao Chile. Alugamos um bimotor de oito lugares, comandado por um capitão da Força Aérea Chilena, Julio Rosado. Ele usava esse avião para fazer ponte aérea entre as Malvinas e Punta Arenas antes da guerra. Conhecia bem a rota e todas as praias onde poderia fazer um pouso forçado para nos deixar. Pelo acordo, uma semana depois, ele iria nos buscar. Estava incluído no pagamento, dividido entre Globo e ITN. A segunda parte do aluguel, só na volta, com o trabalho concluído.

Nosso objetivo era vencer o bloqueio contra os meios de comunicação. Nem jornalistas ingleses, nem argentinos conseguiam chegar às ilhas. Tanto que até hoje não temos nenhum documentário autêntico com imagens da guerra.

Embarcamos e seguimos para o mar, voando baixo, bem perto das ondas gigantescas do Atlântico Sul. Era uma tentativa de não sermos descobertos pelos radares argentinos ou ingleses. Estávamos torcendo para aquela aventura dar certo. O sonho de todo jornalista que cobre uma guerra é conseguir de fato mostrar a guerra.

O nosso sonho logo se transformou em pesadelo. Uma voz em espanhol entrou no rádio, pedindo a identificação do nosso avião. Eu estava sentado na frente, ao lado do piloto. Ele tentava demonstrar tranquilidade. Perguntei o que estava acontecendo.

— Eles estão voando em cima da gente. São os argentinos, mandando voltar imediatamente, senão disparam contra nosso avião.

O piloto não perdeu tempo e começou a fazer a volta, posicionando a pequena aeronave em direção ao continente. Tentei argumentar para que ele não mudasse a rota, continuasse voando para as Malvinas. Pagaríamos mais pelo voo. A resposta dele foi gravada:

— Minha vida vale mais que 10 mil dólares...

A voz no rádio continuava ordenando. A situação ficou mais grave:

— Estão mandando que eu siga para a base deles, em Ushuaia, mas eu não posso fazer isso. Sou militar chileno, levando ingleses para as Malvinas (a equipe da ITN). Vai gerar um conflito internacional. Vou perder meu avião. E, se um dia voltar para o Chile, perderei também o meu posto militar.

— E o que você pretende fazer?

— Quando chegar às montanhas vou entrar no Paso de La Muerte. É um cânion muito estreito, onde eles não vão nos ver, porque já está começando a escurecer. Depois, atravesso o canal de Beagle e pouso na nossa base, em Porto Williams. O problema é que a pequena pista onde vamos descer não tem iluminação e está coberta de gelo.

Estávamos na Terra do Fogo, onde nesse período o dia amanhece às nove horas e escurece às três da tarde. As asas do aviãozinho passavam rente aos paredões. Foi o melhor piloto que conheci. De repente, ele mudou a frequência do rádio e pediu a um companheiro seu, militar de plantão na pequena base chilena de Porto Williams, que acendesse a luz de um carro no final da pista. Poucos minutos depois, vimos a luz a distância, do outro lado do canal de Beagle, que divide os dois países. Uma manobra rápida, a descida brusca, e os pneus tocaram o chão.

Havíamos chegado, mas não ao nosso destino! Ali, perdíamos a nossa guerra. Nenhum jornalista conseguiu furar o bloqueio. Pelo menos, nós tentamos. Passei a valorizar ainda mais a empresa onde trabalho, pois nos deu a oportunidade de tentar. Não conseguimos chegar à área do conflito, mas continuamos gravando matérias. Uma das reportagens foi a do voo frustrado, que foi exibida no *Jornal Nacional* e teve grande repercussão.

Retornamos ao Brasil depois de vinte dias no Chile, mas ficamos pouco tempo em casa. Mário Ferreira, Glauco e eu estávamos credenciados para a Copa do Mundo de 1982 e seguimos para a Espanha. A guerra terminou com a rendição do general Mario Menéndez, comandante das tropas nas Malvinas, que voltaram a se chamar Falklands.

Só restava Maradona derrotar os ingleses na guerra do futebol. Quatro anos depois, na Copa do Mundo no México, com um gol de mão que só o juiz não viu, os *hermanos* ganharam no confronto da vingança. Eu estava no estádio Asteca, com o cinegrafista Cleber Schettini, fazendo a reportagem do jogo. O destaque eram as brigas na arquibancada entre os torcedores, que ainda agiam como inimigos. No gramado, foram o talento e a malandragem de Maradona que garantiram o bicampeonato mundial à Argentina. Perderam a guerra, mas ganharam a batalha no futebol.

# No topo do Brasil

Ao longo desses quarenta anos fazendo reportagens, escalamos muitas montanhas e vulcões, como o Chimborazo, no Equador, que tem o seu cume coberto de gelo a mais de 6 mil metros de altitude; o La Cumbre, em uma das ilhas Galápagos, onde parte da subida é feita a cavalo; o Popocatépetl, que cobre a Cidade do México de poeira quando entra em erupção; o Pacaya, na Guatemala; e até o vulcão marítimo White Island, na Nova Zelândia. Chegamos à ilha de helicóptero. Fui com o cinegrafista Lúcio Rodrigues até a cratera, com muita fumaça e forte cheiro de enxofre. Depois, o barco com a equipe ancorou ali perto e fomos mergulhar ao lado do vulcão. Nas tentativas de chegar até o topo das montanhas, nem sempre tivemos êxito. No Popocatépetl, retornamos quando já estávamos bem perto da fumaça que saía pela cratera, porque o gelo ficava cada vez mais escorregadio e até os guias estavam deslizando em direção ao abismo.

A mais difícil de todas as escaladas foi no pico da Neblina, ponto mais alto do Brasil, na Amazônia, próximo à fronteira com a Venezuela. Aproveitei que um grupo do exército ia subir para substituir a bandeira e fomos de carona. Parecia uma missão impossível, porque outras equipes de TV já haviam tentado e nenhuma chegou até o cume. Foi uma jornada de três dias. Partimos pelo igarapé Tucano, na área da aldeia ianomâmi de Maturacá.

As dificuldades começaram na longa caminhada pela selva, para chegar até a base da montanha. Depois, um dia de subida, sempre na vertical, com o abismo ao lado. Não dava nem pra ver as árvores lá embaixo, graças à densa neblina que cerca a serra do Imeri, onde ficam os dois pontos mais altos do país: o pico da Neblina, com 3.014 metros, e o 31 de Março, com 2.972 metros, separados por menos de dois quilômetros de distância, nas extremidades da serra.

Muitas vezes, tínhamos que ser puxados por cordas. Se caíssemos, seria impossível resgatar os corpos. O cansaço era grande. Sentia câimbra nas duas pernas. De hora em hora, uma parada para tomar um gole de água no cantil, com a recomendação:

— Lá em cima não tem água. Todos estão com sede, mas só um gole por parada, senão vão ficar sem água — bradava o capitão Gilson. Era uma escalada em regime militar.

Numa dessas paradas, senti que não podia continuar. As pernas não respondiam ao meu comando. Ainda faltava muito para chegar ao topo. Desisti:

— Sinto muito, capitão, mas não dá mais pra continuar. As pernas não respondem mais a tanto esforço!

O comandante tentou me estimular:

— Nós tínhamos tanta fé em você! Acreditávamos mesmo que chegaria ao topo com a tropa. As outras equipes de televisão que tentaram ficaram no meio do caminho. Vamos lá...

E gritou para o médico que acompanhava os sete ninjas da selva, homens treinados para missões difíceis e arriscadas como aquela:

— Doutor, ajuda ele, para superar as dores nas pernas.

Apesar do momento crítico, meu diálogo com o médico se tornou hilário, quando ele mandou:

— Baixa a calça!

— O que é isso, doutor! Está me estranhando?

— Baixa a calça e esfrega essa pomada nas pernas e nas coxas, de um lado e do outro. Na frente e atrás, com força.

Peguei a lata que o médico me entregou. Era uma pasta escura, nojenta e com um mau cheiro tremendo.

— Que pasta é essa, doutor? — eu quis saber.

Ele respondeu que era um remédio natural dos ianomâmis. Ele tratou dos índios na aldeia e ganhou aquele "medicamento", que nunca soube como era feito, mas esclareceu que os nativos corriam o dia inteiro pela selva, sempre com aquela pasta no corpo, e resistiam ao cansaço.

O médico me deu também três comprimidos, com direito a mais um gole de água. Dali a cinco minutos estávamos subindo de novo. As dores passaram. Meus companheiros, o cinegrafista Fernando Calixto, do Rio de Janeiro, e o técnico Barbosa, velho amigo da TV Amazonas, resistiam bravamente, apesar dos escorregões. As dores passaram, e perguntei ao médico, em plena escalada:

— Doutor, que comprimidos foram esses que você me deu? Estou me sentindo igual ao Maradona.

Todos riram, seguimos na escalada e chegamos ao ponto extremo. Missão cumprida. Foi uma festa. Fiz questão de gravar ao lado da bandeira brasileira, no ponto mais alto do pico da Neblina. A matéria foi para o *Fantástico*, mas quem viu não conseguiu fazer uma avaliação completa das dificuldades que passamos para chegar ao topo do Brasil.

# Acidente na montanha

Foi também no alto de uma montanha coberta de gelo, na Colômbia, que passei alguns dos momentos mais críticos de minha vida. Para chegar perto do gelo, usamos cavalos, que seguiam por uma trilha que dava voltas pelos paredões, sempre ao lado do abismo. Chegamos ao ponto onde os animais não tinham mais como passar e continuamos a pé. Nossa equipe era composta por dois guias nativos, mais o cinegrafista Lúcio Alves e o técnico Sabino Cordeiro, ambos da Globo de Brasília. Nossa meta era mostrar que as geleiras diminuíam no alto da cordilheira.

Quando estávamos lá em cima, veio uma nevasca muito forte. Mal conseguíamos nos ver no meio do nevoeiro, com temperatura negativa e vento gelado. Quando o tempo melhorou, gravamos a matéria. E os guias nos apressaram para voltar, porque vinha outra nevasca que parecia ainda mais forte. Escurecia rapidamente, em pleno dia. E começamos a descer em ritmo acelerado. Foi aí que me dei mal. Escorreguei feio e caí numa fenda, sobre o braço direito. Sou destro. Não conseguia mover o braço. Só os dedos obedeciam. Fiz tudo errado e pedi ao Lúcio para puxar o braço com força, porque achava que ele havia saído do lugar. Não teve jeito. Só me restou incentivar a equipe e partir.

— Vamos embora! Vamos sair daqui, que a neve está caindo mais densa agora.

Um dos guias levou a minha mochila. Com o braço esquerdo, eu me apoiava nas pedras para não cair de novo. Descemos em fila indiana. A dor enchia meus olhos de lágrimas. Falei pra equipe que era efeito do vento, para não se preocupar comigo. E alcançamos o platô onde havíamos deixado os cavalos. Surgiu um novo drama: como eu ia montar com um braço só? Puxei o animal para perto de uma pedra, subi e pulei para alcançar a sela. Como não tinha o braço de apoio, quase caí do outro lado, no abismo.

Com o braço esquerdo, experiência nova para mim, mantive as rédeas presas e cavalguei passo a passo, montanha abaixo. Foram quase três horas para chegar ao acampamento, onde a produtora Aninha Dornelles e a editora Mariana Sabino nos aguardavam. Elas tinham medicamentos para aliviar as dores. Foi a minha salvação. Na hora de dormir, tinha que entrar numa coberta térmica onde mal cabia o meu corpo, pra não congelar. O acampamento rústico não tinha aquecedor. Naquela noite, a temperatura foi de quatro graus abaixo de zero. Uma noite para ser esquecida. Não podia me mexer por causa da dor no ombro. Fiquei acordado o tempo todo na mesma posição, tremendo de frio.

Ainda tínhamos catorze dias de gravações para concluir o *Globo Repórter* sobre a Colômbia. As meninas queriam ligar para Silvia Sayão, a diretora do programa, para informar que eu estava ferido. Mas não deixei. Ela me mandaria de volta. Continuei tomando os comprimidos de Aninha Dornelles e gravando. Cumpri toda a programação. Mergulhei na ilha Gorgona, do lado do Pacífico, e na ilha San Andrés, do lado do Caribe, sempre com o braço direito amarrado. Fizemos várias tentativas para gravar imagens das baleias em torno da ilha, mas elas fugiam com a aproximação do barco. Pedi para me ajudarem a vestir a roupa de mergulho, pulei na água com uma câmera Go Pro na mão esquerda, nadei uns trezentos metros só com o movimento das nadadeiras e cheguei perto da família de baleias jubartes.

Aprendi a escovar os dentes e fazer a barba, tudo com a mão esquerda. Fomos até a Cidade Perdida de Tayrona, na Serra Nevada. Entramos nas florestas que eram domínios das Farc e concluímos a matéria na belíssima Cartagena das Índias, cidade tombada como Patrimônio da Humanidade pela Unesco. O programa foi um sucesso no ar, com muitas atrações, curiosidades e a beleza da natureza colombiana. Mas só a equipe sabia o que eu havia passado. Quando cheguei ao Recife, procurei o ortopedista Fábio Brandão. Ele ficou espantado quando viu o resultado da ressonância magnética:

— O que você fez com esse braço? Os dois tendões do ombro que dão sustentação ao braço estão partidos. Um com cinco centímetros de distância, entre um pedaço e o outro. O segundo, com 4,5 centímetros de diferença.

Foram três horas e meia de cirurgia. Três dias depois da operação, eu já estava dirigindo com um braço só, usando o teclado do computador com a mão esquerda, preparando o relatório da viagem e, em seguida, participando da edição com minha querida Mariana Sabino. Mas tive que fazer sessões diárias de fisioterapia durante dois meses. A dra. Anne Albuquerque deu graças a Deus quando tive alta, porque eu reclamava demais dos exercícios. Estou completamente curado do ombro e do braço.

Acidente semelhante a esse da Colômbia aconteceu numa caverna da península de Yucatán, no México. Subimos pelo interior da caverna, que fica no meio de uma floresta, para chegar ao altar de sacrifícios do povo maia. Ali, crianças e adultos eram sacrificados como oferenda aos deuses. Ainda restam ossadas encravadas nas rochas. Escalando as paredes úmidas e escorregadias, apenas com a luz de nossas lanternas, escorreguei e caí em pé, com todo o peso do corpo sobre a perna. Rompi os meniscos do joelho direito. Dessa vez, foi a produtora Roberta Ferraz que cuidou de mim. Providenciou remédios. Dois dias depois já estava em Belize, um dos mais belos países da América Central, mergulhando no Blue Hole.

O grande buraco azul do Caribe, segundo Jacques Cousteau, é um dos melhores pontos de mergulho do mundo. Um abismo de 120 metros de profundidade com trezentos de diâmetro, cercado pela água rasa e transparente do mar caribenho. Quando pulamos do barco, os tubarões de recifes que vivem no Blue Hole vieram nos olhar de perto, em tempo de o meu companheiro Fábio Borges gravar as imagens. Em seguida, desapareceram na escuridão do abismo.

Descemos ao lado do paredão para chegar à caverna de calcário, a 38 metros de profundidade, ainda com estalactites e estalagmites, numa comprovação de que há 150 mil anos o nível do mar ainda não havia alcançado aquela área. Era uma caverna como tantas outras no continente. Num mergulho tão emocionante como esse, não dava nem para sentir que o joelho estava inchado e dolorido. Foi apenas o primeiro dos cinco dias de mergulho nas águas paradisíacas de Belize.

Concluídas as gravações, de volta ao Brasil com mais um *Globo Repórter* na bagagem, procurei o dr. Luiz Costi. Fui direto para o centro cirúrgico. E confesso que tenho muito medo de ser operado. A cirurgia foi um sucesso. Depois fui tratado pela fisioterapeuta Fabiana Gouveia, até recuperar os movimentos do joelho, para continuar escalando montanhas.

# Perdidos no gelo

Fevereiro de 2015. Partimos de Punta Arenas, no Chile, para cruzar o estreito de Magalhães, o canal de Beagle e contornar o cabo Horns, ponto extremo no sul do continente americano, navegando o tempo todo no desconforto de um barco de pesca.

O diretor do *Globo Natureza*, Odair Redondo, foi antes da equipe para o local da partida. Não encontrou nenhum veleiro ou barco mais confortável que pudesse alugar. Concluiu que a solução seria um barco de pesca. Estava no período do defeso, quando é proibida a pesca da centola, aquele caranguejo gigante, uma das bases da economia pesqueira na região da Patagônia.

Os barcos ficam todos ancorados no porto. Odair escolheu o que estava em melhores condições, mandou limpar, pintar, fazer uma revisão geral no *Doña Pilar*. E selecionou a melhor tripulação. Contratou o capitão Pantera, uma fera do mar, que conhece cada ponto daquela parte mais desabitada do planeta e tem experiência de navegação no Atlântico Sul, em torno do cabo Horn, onde centenas de embarcações afundaram.

Foi uma viagem sofrida. Quinze dias incomunicáveis, sem sinal de celular ou internet, mas de uma beleza extraordinária. Logo que partimos, fomos acompanhados pelos golfinhos austrais. Um bando com mais de trinta animais pulava ao lado do nosso barco. No passado, eles eram caçados e usados como isca para pesca da centola. Com a proibição da caça, estavam ali, radiantes, fazendo acrobacias no mar, alegrando o início da nossa viagem. Ao amanhecer do dia seguinte, chegamos à ilha Carlos III, no estreito, área pertencente ao Parque Marinho Francisco Coloane, nome que homenageia o escritor chileno que tinha a Patagônia como tema dos seus livros.

Estávamos ao lado das baleias jubartes. O cinegrafista Dennys Leutz delirava com as imagens das baleias, das aves e dos leões-marinhos... Era a fase de alimentação das jubartes, antes de sua longa jornada até a Costa Rica e o Panamá, no oceano Pacífico, para reprodução. Seguindo em frente, chegamos a uma ilha onde os pinguins-de-magalhães também se reproduzem.

Viajávamos na companhia dos biólogos Mariana Nery e Juan Pablo Torres, visando evitar qualquer dano àquele santuário cheio de ninhos — uma autêntica maternidade para aquela espécie tão meiga. Toda criança gosta de ver imagens de pinguins. Ao longo da viagem, mergulhamos na água gelada para mostrar a grande floresta de algas que alcançam vinte metros de altura: os kelps.

Encontramos também as temidas focas-leopardo, a maior espécie de foca da Antártida e exímia caçadora da água gelada, com dentes muito afiados. Elas estavam descansando sobre icebergs. Chegamos bem perto no barco de apoio. Pulamos na água tentando gravar imagens delas em ação, mas a água estava muito turva, pastosa, em consequência do gelo.

A parte mais difícil da expedição era escalar uma montanha coberta de gelo. Primeiro, tínhamos que atravessar uma floresta típica da Terra do Fogo, muito íngreme. O chão afundava como se fosse areia movediça. O cinegrafista Dennys teve que ser resgatado com a câmera depois que afundou na lama até a cintura.

Havia árvores caídas por todos os lados, em consequência das tempestades com raios e ventos acima dos cem quilômetros por hora.

1. Início da carreira na redação do *Jornal do Commercio* do Recife, 1967.

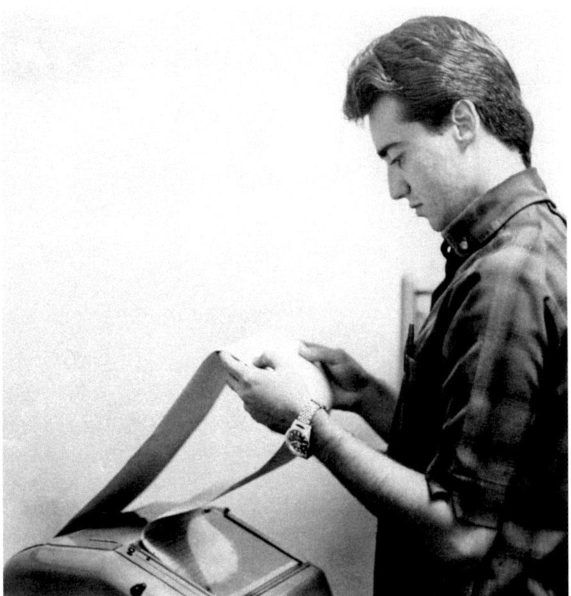

2. Como editor de esportes do *Jornal do Commercio*, 1969.

3. Com o escritor Gilberto Freyre, 1980.

4. Entrevista com Michel Platini, o maior craque da Copa de 1982, na Espanha.

5. Entrevista com Luiz Gonzaga em pleno sertão, 1985.

6. Durante a cobertura da visita do papa João Paulo II à Coreia do Sul, 1987.

7. Assalto com reféns no Recife, 1987.

8. Em um dos inúmeros debates políticos da Globo Nordeste, 1986.

9. Romário ataca de câmera na Olimpíada de Seul, 1988.

10. Naquele que considera o pior momento de sua vida, ainda no início da escalada do Grand Canyon, 1993.

11. Cordilheira dos Andes, antes de cair e fraturar o braço, 2012.

12. Em Machu Picchu, Peru, 1998.

13. Equipe do *Globo Repórter* no Monte Cook, na Nova Zelândia. Eu, a editora Cláudia Guimarães, o cinegrafista Lucio Rodrigues e o upjoteiro Flávio Almeida, 2010.

14. Ilhas Galápagos, no oceano Pacífico, 1998.

15. Pico da Neblina, topo do Brasil, onde o Exército brasileiro hasteou a bandeira nacional, 1998.

16. Acorda, leão! Na savana do Quênia, 2007.

17. Com Paulo Zero, filmando os dragões-de-Komodo, na Indonésia, 1999.

18. Lago Nakuru, no Quênia, com 1 milhão de flamingos, 2007.

19. Mergulho técnico em Fernando de Noronha, 2003.

20. Nas montanhas da Patagônia, 2000.

21. Com Zélia e Ariano Suassuna e Beatriz Castro no Baile Municipal do Recife, 2006.

22. Chegando ao Atol das Rocas, uma boca de vulcão no meio do mar, 2000.

23. Ao lado do gorila dominante, em Ruanda, 2008.

24. No barco com a equipe na travessia do rio Purus, na Amazônia, 2010.

25. Nascente do rio Amazonas, no alto do Nevado Mismi, no Peru, com Pita, Pedro Werneck e Marconi Mattos, 2011.

26. Cobertura do Carnaval do Recife, 2014.

27. Equipe do *Globo Repórter* no sertão da Bahia. Delé, Maria Luiza, Edison Silva (com a câmera) e Roberto Silva, 2014.

28. Entrevista com a arqueóloga Niède Guidon, 2012.

29. Na série "Pelos Céus do Brasil", voando de balão sobre a serra da Capivara, no Piauí, 2012.

30. Cercado pelos índios enawenê-nawê, no acampamento da equipe da Globo, 2012.

31. Componentes das equipes que gravaram duas edições do *Globo Repórter* na travessia do rio Amazonas, da nascente até a foz, 2012.

32. Entrega do Prêmio Emmy, com Sérgio Chapelin, Nova York, 2013.

33. Com a família em Fernando de Noronha. Rafael, Camila, Helena, Carolinne, Cristiano, Marianne, Pedro, Beatriz e Carla Beatriz, 2014.

34. Redação da Globo Nordeste, com a esposa, a jornalista Beatriz Castro, 2015.

35. "Perdidos no gelo" na Patagônia Chilena. O guia Mauro Godoy e os membros da equipe da Globo Fábio Borges, Rafael Benaque, Marcílio Menezes e Dennys Leutz, 2015.

36. Corveta *Ipiranga*, em Fernando de Noronha, a sessenta metros de profundidade, 2015.

37. Floresta de Darwin, 2015.

38. Deserto de Puna, Argentina, 2015.

39. Ao lado de um iceberg, no Fiorde Parry, Patagônia, 2015.

40. Com os elefantes marinhos na Patagônia, 2015.

41. Com os pinguins, Patagônia, 2015.

42. Gravação do *Jornal Nacional 50 anos*, no Projac, 2015.

Nenhuma trilha que pudéssemos seguir. A água escorria das geleiras que estavam mais acima. Um caos.

Foram três horas de caminhada sofrida para chegar ao gelo, que era nosso objetivo. Um guia especializado naquele ecossistema nos orientou durante todo o trajeto. O professor Inty Gonzalez, da Universidade do Chile, concordou em nos acompanhar, desde que pudesse fazer a revisão da estação meteorológica que o seu grupo de estudos havia deixado, quase dois anos antes, no glaciar Schiaparelli. Pela previsão, seriam mais três horas de escalada para ir e outras três para voltar. Desistimos de acompanhar o cientista e o guia. Estava além do nosso limite de resistência. Um quesito fundamental em nossas missões arriscadas é aprender a respeitar limites.

Fábio Borges, meu companheiro de mergulho, que considero o melhor cinegrafista submarino do país — ele vive em Fernando de Noronha —, se apresentou como voluntário para acompanhar o professor Inty e o especialista em escaladas Roberto Godoy. Fábio filma bem até fora d'água!

E partiram os três, montanha de gelo acima, desafiando os riscos do glaciar Sinus, com sapatos de grampos e machadinhas, numa autêntica escalada. Enquanto isso, o cinegrafista Dennys, o produtor Rafael Benaque, o técnico Marcílio e eu voltávamos pela floresta encantada. Rafa havia marcado no GPS, passo a passo, o nosso caminho. Após muitos escorregões e muitas quedas, às seis da tarde chegamos ao estreito onde nosso barco de apoio estava ancorado.

Começou a escurecer às dez da noite, e ficamos preocupados. Nossos companheiros, que haviam escalado a montanha de gelo, não chegavam. Podiam estar perdidos na floresta. A travessia durante o dia é uma verdadeira aventura, imagine à noite! Não conseguimos dormir. Eles não tinham equipamento para acampar. Por mais resistentes e fisicamente preparados que fossem, não seriam capazes de se deslocar naquelas circunstâncias. A experiente tripulação do barco fazia previsões sombrias. Só no dia seguinte, às dez da manhã, eles apareceram.

Estavam perdidos na montanha de gelo. Mesmo com o GPS, não acertavam o caminho de volta. Andavam em direção ao ponto indicado como rota quando depararam com uma fenda no gelo por onde não podiam atravessar. Tinham que dar a volta e começar tudo de novo. Até que escureceu e eles decidiram ficar ali, no gelo, torcendo para não chover e rezando para o dia amanhecer. Fábio conta que esvaziou a mochila e ficou encolhido dentro dela, na pior noite da sua vida. Mas as imagens que ele gravou ficaram maravilhosas.

Voltei da Patagônia com os joelhos arrebentados. Logo em seguida, fui gravar na maior reserva particular de Mata Atlântica do país. O Legado das Águas, propriedade da Votorantim, dez vezes maior que a floresta da Tijuca, no Rio de Janeiro. As caminhadas pela selva agravaram ainda mais a lesão dos joelhos. Retornei ao Recife e procurei o ortopedista Luiz Costi, que receitou um anti-inflamatório e exigiu exames complementares, inclusive uma ressonância magnética. Melhorei em dois dias, mas logo em seguida surgiu a pauta do ninho das águias.

O cinegrafista San Costa me procurou com uma foto de dois filhotões de águias-chilenas no topo da serra do Pará, em Santa Cruz do Capibaribe, agreste de Pernambuco, com um recado do ambientalista que registrou a imagem: "Se não vier logo, os filhotes vão voar". Fomos fazer a matéria, para o programa regional que apresento com Beatriz Castro, o *Nordeste — Viver e Preservar.* Subindo a serra, pisei numa pedra solta, e o joelho esquerdo virou de vez. Senti dores fortíssimas e tive dificuldade para andar. Desci amparado pelo companheiro Elvis, operador de áudio. Quem diria que depois de passar por grandes dificuldades, até com risco de morte, nos quatro cantos do planeta, ia me quebrar justamente perto de casa, à procura do ninho das águias, no agreste pernambucano. A matéria ficou bonita, mas o joelho quase me impedia de andar.

Dez dias de fisioterapia, sem deixar de comparecer ao trabalho. Já estava escalado para uma nova pauta, nos vulcões mais altos do planeta, na cordilheira dos Andes, no início do inverno de 2015. O tratamento fez efeito. Recuperado do acidente a caminho do ninho das águias, deixei as muletas em casa e parti para a cidade de Salta, porta de entrada dos Andes, na Argentina.

Ainda sentia dores no joelho e estava mancando. O primeiro dia de gravação foi moleza. Fomos ao Museu de Arqueologia de Alta Montanha (MAAM), em Salta. É lá que estão as múmias retiradas do alto do vulcão Llullaillaco, a 6.739 metros de altitude, duas vezes mais alto que o ponto mais elevado do Brasil, o pico da Neblina. As múmias — duas meninas e um menino sacrificados em rituais dos incas — permaneceram no gelo por mais de quinhentos anos e estavam praticamente intactas. São as mais bem conservadas do mundo.

Gravei com a arqueóloga Constanza Curuti, uma baixinha em estatura, mas gigante em escaladas. Explorou cerca de 150 montanhas com mais de 5 mil metros de altitude, até descobrir as múmias no topo do vulcão coberto de gelo. Um dos nossos objetivos era chegar aos vulcões mais altos, passando por onde a arqueóloga havia descoberto as múmias. Mas, antes de partir, o cinegrafista José de Arimatéa decidiu gravar imagens de Salta, que tem uma arquitetura colonial belíssima.

Enquanto Ari e o upjpoteiro Cadu carregavam o equipamento de um lado para o outro da praça principal, procurando os melhores ângulos, eu conversava com o guia argentino Joaquim Bergese, que ia nos acompanhar em todo o roteiro nos dezoito dias de viagem. Diante da belíssima igreja matriz, em estilo barroco, o guia contou a história de Nossa Senhora do Milagre, a padroeira.

No final do século XVII, houve um terremoto que destruiu quase toda a cidade, inclusive a igreja. Nos escombros foi resgatada, intacta, a estátua da Virgem do Milagre. A igreja foi reconstruída, e a imagem da santa ganhou destaque ao lado do altar-mor. O povo da cidade, desde então, passou a levar a imagem da virgem em procissão pelas ruas, religiosamente, todo 15 de setembro, data fatídica do tremor de terra. Nunca mais houve terremoto em Salta, o que os moradores atribuem a uma graça de Nossa Senhora do Milagre.

Fiquei impressionado com o relato, atravessei a rua, subi os degraus com dificuldade pela dor no joelho e fui conhecer a Virgem do Milagre. Uma obra tão perfeita que, na posição em que estava, parecia que os seus olhos estavam voltados para mim. Sou católico, não tão apostólico quanto meu irmão Márcio Canuto, repórter em São Paulo, que vai à missa todos os domingos, faz confissão e se benze dez vezes quando entra num avião, mas faço minhas orações.

E, como todo religioso sempre pede alguma coisa aos santos, eu pedi forças para enfrentar as dores no joelho e cumprir minha missão, chegando ao alto das montanhas. É certo que o tratamento do dr. Costi e a fisioterapia de Fabiana foram fundamentais, mas nos dias seguintes enfrentei as primeiras caminhadas com muito ânimo, e as dores ficaram suportáveis, permitindo que eu cumprisse todas as etapas da nossa pauta. Milagre? Só Deus sabe! Mas voltei inteiro para casa.

Atravessamos o Salar de Arizaro, um deserto de sal com 1.600 quilômetros quadrados. Encontramos o povoado de Antofalla, onde vivem apenas quarenta pessoas isoladas do mundo. Fomos aos Olhos do Campo, lagoas de água vermelha. Chegamos à cratera do vulcão Galan, com 42 quilômetros de diâmetro. Quando ainda não havia vida na Terra, houve a grande explosão do Galan, que cobriu a cordilheira dos Andes de poeira, a 4.600 metros de altitude.

Depois fomos ao topo do vulcão Branco, que na sua última erupção criou o Campo de Pedra Pómez, uma das Sete Maravilhas da Natureza, na Argentina. Conhecemos a cidade sagrada dos Quilmes, um povo heroico que resistiu à violência dos colonizadores, apesar do poderio bélico dos espanhóis contra as armas artesanais dos índios.

Concluímos a viagem nas montanhas, cruzando o deserto de Puna. Durante dezoito dias, percorremos 3.250 quilômetros por estradas de terra, em muitos trechos cobertas de gelo. Descobrimos, segundo definição do produtor Jorginho Ghiaroni, que somos vizinhos de um país desconhecido, a Argentina.

## Primeiro contato com os poturus

Em mais de vinte anos de trabalho na Amazônia, cruzando rios e igarapés, atravessando a floresta pelos seus caminhos naturais, visitei dezenas de aldeias, fiz contatos com inúmeras tribos, mas nada foi tão difícil e emocionante quanto a convivência com os primitivos poturus, uma comunidade indígena longe de qualquer acesso à civilização, absolutamente selvagem. Chegar até a aldeia, reconhecida apenas por fotografias de satélite, era um desafio. Os sertanistas da Funai precisavam ir até lá. Havia suspeita de que missionários estrangeiros estavam se aproximando da área para fazer contato com esses índios. E teriam que ser expulsos.

Missionário estrangeiro é uma praga quando se aproxima dos nativos. Eles passam doenças como gripe, conjuntivite, malária, sarampo, que são simples de curar quando se tem remédio, mas levam à morte seres humanos que não são imunes a esse tipo de doença. Milhares de índios brasileiros foram vítimas dessas mazelas. E, quando isso acontece, os nativos passam a ser escravizados. Tornam-se dependentes do medicamento levado pelo invasor.

O pajé pode até curar com raízes um paciente picado por cobras venenosas, pode estancar um sangramento com essência extraída da pele de um sapo, pode curar doenças endêmicas dos povos da selva com chás de folhas medicinais, mas não sabe curar a gripe levada pelo homem urbano. O resultado disso é que aldeias inteiras ficam dependentes desses pretensos religiosos, que muitas vezes conquistam os índios com interesses escusos. O objetivo de alguns deles é fazer pesquisas minerais e explorar a biodiversidade da selva. Curam as doenças, que eles mesmos transmitem, aplicando remédios de farmácia, como antibióticos ou simples comprimidos para gripe. Desmoralizam os pajés, que usam seus rituais e suas ervas para salvar vidas. E passam a explorar e dominar os índios.

Posso citar o exemplo de uma viagem que fizemos para gravar um *Globo Repórter* durante a ECO 92, Conferência das Nações Unidas sobre o Meio Ambiente e o Desenvolvimento. Mostramos uma das maiores comunidades indígenas da Amazônia, com 1.116 pessoas, vivendo na mais pura tradição, em palhoças autênticas e artesanais. Entre os rituais estava o da "moça nova", o casamento, que exigia o confinamento da noiva numa maloca por três luas enquanto o noivo passava por várias provas de sacrifício. Tinha ainda o banho de rio coletivo, ao pôr do sol — todos nus, homens, mulheres e crianças, na maior alegria.

Dez anos depois, voltei à mesma aldeia e encontrei tudo diferente. As mulheres usavam longos vestidos. Os homens tinham ordens do missionário para não falar com os "estranhos que eram enviados do demônio". Havia uma igreja no meio da aldeia. Toda a tradição indígena, com os seus mais puros rituais e costumes, havia desaparecido. O casamento passou a ser semelhante aos cerimoniais católicos ou protestantes, realizados nas igrejas de bairros das cidades brasileiras.

Mas voltemos ao nosso primeiro contato com os poturus. Ainda restam, segundo a Coordenação de Índios Isolados da Funai, mais de trinta grupos completamente perdidos no meio da selva. Nosso destino era uma dessas comunidades, só conhecida por foto de satélite. Partimos da cidade de Santarém, no Pará, que fica na foz do rio Tapajós.

Um helicóptero "sapão", o mesmo modelo usado na Guerra do Vietnã, cruzou o rio Amazonas e partiu rumo ao norte, sem um lugar específico para pousar. Nosso destino não existia nos mapas. Nossa equipe era composta por dois pilotos, dois sertanistas, o cinegrafista gaúcho Jair Alberto e eu. Seis pessoas rumo ao desconhecido. Nunca nenhum helicóptero ou avião havia partido naquela direção.

Estávamos completando duas horas de voo e víamos apenas o verde da floresta, de um lado e do outro, uma imensidão que parecia não ter fim. Não havia espaço lá embaixo, nem mesmo para o helicóptero cair. Nenhuma clareira. Só a mata intocada. Procurávamos por um igarapé, que seria o nosso ponto de referência, quando o piloto tomou a decisão:

— Só temos mais vinte minutos de autonomia, porque o combustível que resta, inclusive nos tanques extras, é para a viagem de volta.

Naquela época não havia GPS, o aparelhinho de navegação que é capaz de encontrar um ponto isolado no meio da selva ou do mar, recebendo informações do satélite. Dependíamos da intuição dos dois sertanistas: Sidney Possuelo, o maior indigenista que conheço, e João Carvalho, com seus quase cinquenta anos de Funai e a habilidade de falar cinco idiomas indígenas. De repente, surge um igarapé à nossa frente. Seria aquele que estávamos procurando? O piloto perguntou:

— Pra direita ou pra esquerda?

Sidney Possuelo olhou para os lados e decidiu rápido, por intuição:

— Pra esquerda...

Dez minutos depois, víamos, na única clareira encontrada durante toda a viagem, uma imensa maloca. Ao lado, uma plantação de mandioca. Se Possuelo tivesse optado por direcionar o helicóptero para a direita do igarapé, teríamos perdido a viagem. Havíamos chegado ao nosso destino. Lá embaixo, os índios, que nunca viram um "pássaro" tão grande, corriam assustados. O piloto gritou mais uma vez pelo rádio:

— E agora, o que vamos fazer? Vocês querem ficar aí mesmo?

A resposta foi imediata:

— Desce ali na plantação de mandioca.

Era o único lugar onde o helicóptero poderia pousar. A aeronave espalhou uma grande nuvem de poeira e galhos de plantas. Sem desligar o aparelho, rapidamente desembarcamos. Retiramos nosso equipamento, as caixas com remédios e alimentos, além das nossas mochilas e dos presentes que a Funai levava para aquele povo desconhecido. Reabastecemos rapidamente o helicóptero, com os tonéis de combustível que havíamos levado. Nos deitamos no chão e os pilotos partiram, numa viagem de retorno, no limite da capacidade da aeronave.

Vendo o helicóptero ir embora, caímos na real. Como seria a reação dos índios com a nossa presença? Eles surgiam assustados, nos olhando de longe. Arcos e flechas nas mãos, mas sem hostilidade. Era uma reação de surpresa, de desconfiança. E o velho sertanista João Carvalho passou a usar sua experiência em situações de aproximação com índios isolados. Tinha o corpo cheio de cicatrizes das flechadas que levou! Ele já havia participado de expedições de primeiros contatos como aquela, sabia o que fazer e, principalmente, o que dizer. Falava, repetidamente, em cinco idiomas nativos:

— Somos amigos! Viemos em paz!

O primeiro contato demorou mais de uma hora para dar resultado, até que os índios mais ousados foram se aproximando e repetindo as mesmas palavras do sertanista. Dava para perceber que eles não estavam entendendo nada. Logo descobrimos que o idioma deles era diferente de todas as línguas que João sabia falar. Era um povo realmente primitivo, como esperávamos encontrar.

Homens, mulheres e crianças completamente nus. Não usavam nem mesmo uma tanga. A veste masculina era apenas um cordão feito de casca de árvore, prendendo o pênis. As índias tinham o cabelo raspado sobre a testa, usavam uma tira na cabeça, também extraída da casca das árvores. Um povo de hábitos realmente diferentes. O mais inusitado era que todos os adultos tinham um adorno de madeira, fincado no lábio inferior. Era o "repembó", um tipo de amuleto que eles usavam, como se fosse obrigatório, para identificar a tribo. João Carvalho nos tranquilizou:

— Eles vêm em paz, não vão atacar, porque as mulheres e as crianças também estão se aproximando.

As cenas seguintes foram de intensa curiosidade. Eles temiam a câmera. Faziam sinais para o cinegrafista. Até perdemos boas imagens no início, para ganhar a confiança daquele povo. Os sertanistas acharam conveniente baixar a câmera até que eles se acalmassem. As atenções se voltaram para o cinegrafista Jair Alberto, que tem um metro e noventa de altura, é negro, tem barba e olhos verdes. Eles nunca tinham visto alguém com essas características físicas. Jair foi apalpado, dos pés à cabeça. Quase arrancaram sua barba, de tanto puxar...

Foi o primeiro sinal de que estávamos sendo aceitos na comunidade, apesar da irritação do Jair, um profissional extraordinário. Ele estava sempre cercado. Era alisado, puxado... Os nativos riam à toa. E as imagens foram surgindo. Andamos ao lado deles até a maloca coberta de palha, uma obra de arte da arquitetura mais rústica do planeta. As embiras, fibras extraídas da casca das árvores, também eram usadas para confeccionar as redes.

O acampamento era simples, tudo amarrado por cipós. Havia pequenas fogueiras, que eles não deixavam apagar, sempre avivadas com lenha. O fogo original era produzido pelo atrito de pedaços de madeira, como nos períodos mais remotos. Daí a surpresa quando viram uma chama surgir na minha mão, acendendo um simples isqueiro. O índio que estava mais perto de mim pôs a mão na chama até se queimar para confirmar que era fogo. Gritou, alarmado, no seu idioma. Outros índios repetiram o gesto, queimando a mão ou aproximando um pedaço de pau ou uma palha, para constatar o que para eles parecia um milagre.

Entreguei o isqueiro e ensinei a acendê-lo, para que eles vissem que não era nada sobrenatural. Apenas um objeto. Chegou a noite, mas as surpresas não acabaram. Pelas nossas mãos, eles viram o primeiro espelho, o primeiro facão, as primeiras roupas. Ganharam o boné de

Possuelo. A camisa do João. E percebemos que as pequenas fogueiras que enchiam a maloca de fumaça tinham o objetivo de aquecê-los e afastar os mosquitos.

Fazia frio à noite. Outra surpresa: eles tossiam muito. Os sertanistas deduziram que os missionários americanos já tinham feito contato. Havia um surto de gripe que afetava quase todo o grupo. Possuelo e João passaram a noite medicando os índios. A maior resistência foi quando eles pegaram seringas para aplicar injeções. Até os homens correram. Só no terceiro dia, quando já estávamos amigos e nossos anfitriões pioravam da gripe, foi possível aplicar as injeções.

Na primeira noite, o cinegrafista Jair Alberto teve que enfrentar a dura realidade. Olhou para os lados e perguntou:

— Onde nós vamos dormir?

— Aí na maloca, se eles deixarem — respondi.

Jair não queria acreditar. Naquela maloca, suja, cheia de fumaça? Era uma reclamação, até certo ponto coerente, de quem espera uma vida normal, com o mínimo de conforto, após um dia de gravação. Geralmente, quando o cinegrafista é consultado se quer fazer um trabalho como aquele, na selva, só idealiza as boas imagens para gravar, sem pensar nas dificuldades que vai enfrentar. Daí o desabafo do gaúcho:

— Eu viajo com todos os repórteres e sempre tem pelo menos uma caminha pra dormir. Contigo eu só me ferro! Durmo no mato, com os mosquitos pegando, e agora, no meio desses índios, que a gente nem sabe o que eles são capazes de fazer.

Depois de rir muito da cara do Jair, mostrei que estava cuidando bem dele. E entreguei um saco, com as quatro redes que havia comprado na feira de Santarém. Mesmo assim, a raiva dele não passou. Ele nunca havia dormido em rede. E os índios continuavam puxando sua barba e o apalpando. Sem contar que ele caiu da rede, no meio da madrugada, sem conseguir dormir. Foi uma noite difícil para o notável cinegrafista, com quem trabalhei em dezenas de matérias na Amazônia. Um grande amigo.

Ao amanhecer, depois da primeira noite na aldeia, um vulto se aproximou das nossas redes, que foram armadas num cantinho da maloca coletiva. Percebi que era um dos índios mais altos da tribo. Ele procurava alguma coisa na palha, na coberta da maloca. Ouvi o sussurro de Jair na penumbra...

— Chico, ele está pegando o arco e as flechas! O que é que esse homem vai fazer?

— Deve ir caçar! Levanta, pega a câmera, e vamos acompanhar o dia deles. Vamos mostrar como eles caçam.

E assim começou a nossa convivência no dia a dia com aquele povo desconhecido, mas de uma pureza de fazer inveja se compararmos ao comportamento dos homens no chamado mundo civilizado, onde uma minoria espalha o terror praticando a violência e a grande maioria da população vive refém do medo. Nós nos embrenhamos na selva com os caçadores. Ali também sentimos medo. Mas é diferente.

Muita gente pensa que na floresta os maiores riscos vêm das onças, das cobras venenosas, dos grandes animais selvagens. Aprendi que o verdadeiro perigo vem de abelhas, formigas, lagartas-de-fogo e folhas urticantes. As piores situações que já enfrentei na selva foram os ataques de abelhas. Basta passar muito perto de uma colmeia para ser atacado. E nem sempre a gente consegue ver as abelhas. Para os índios, é mais fácil. Eles têm uma visão diferenciada na floresta. Eles enxergam o que a gente não consegue ver.

Pude comprovar as incríveis habilidades dos indígenas em outra ocasião, quando acompanhei um grupo do v Batalhão de Infantaria de Selva, de São Gabriel da Cachoeira, no extremo norte do Amazonas. Trinta por cento da tropa são índios. Alguns nem falam português direito, mas são considerados grandes guerreiros. Segundo as palavras do comandante do batalhão, "os índios andavam sem fazer barulho na selva, chegavam junto do inimigo sem ser percebidos e matavam sem fazer alarde, utilizando suas próprias armas: arcos, flechas e zarabatanas".

Era impressionante a habilidade dos poturus ao subir rapidamente nas árvores mais altas e, lá de cima, atirar suas flechas certeiras nas aves em pleno voo. Uma cena triste, mas necessária, uma vez que eles se alimentam das aves e usam as penas como adornos. Caçam antas, porcos-do-mato, macacos e outros animais. Muitas vezes matam a fêmea para o almoço da tribo e levam os filhotes órfãos para criar como animais de estimação. As aldeias são cheias de bichos. Numa das nossas reportagens, mostramos uma mãe amamentando o seu filho num seio e, no outro, um filhote de macaco. Os dois mamando ao mesmo tempo. A cena pode parecer chocante, mas é uma realidade selvagem, que acontece até hoje e precisa ser respeitada.

O helicóptero só voltaria para nos buscar após seis dias, e tínhamos um problema prático para resolver. Os índios estavam consumindo a nossa comida. Eles têm o hábito da coletividade, inclusive na alimentação. Quando matam uma anta ou um macaco, todos comem da caça. Do rancho que levamos, só foram salvos os enlatados, porque eles não sabiam abrir as latas. E mantínhamos tudo nas mochilas, fechado a cadeado. Passamos a comer também os beijus de mandioca feitos pelas mulheres.

O banho de rio era coletivo. Voltando de um desses banhos, caí na tolice de abrir a mochila e tirar um desodorante spray. Eles ficaram me olhando. Não tive escolha e usei o desodorante. Em seguida, veio o primeiro índio e levantou o braço. Era mais uma ação participativa. Eu apliquei o jato na axila do nativo. A reação de aprovação atraiu o restante da tribo. E eu fiquei lançando jatos de desodorante nos sovacos dos poturus até esvaziar o spray. Nem assim eles se conformavam. Queriam mais daquele ventinho perfumado...

Poturu foi o primeiro nome que os sertanistas deram para identificar aquela tribo. Com o tempo, os antropólogos constataram que eles eram os zoés. Naquela expedição comandada por Sidney Possuelo, ficou comprovado que os missionários americanos estavam acampados a cerca de trinta quilômetros da aldeia. Quando localizados, foram convidados a sair da área indígena. Eles argumentaram que estavam ali para "levar a palavra de Deus aos índios", como se fossem os enviados divinos. Uma pouca-vergonha que o governo brasileiro não devia permitir.

Partimos da aldeia com a certeza de haver encontrado o povo mais puro da floresta. Brasileiros autênticos, sem a contaminação dos vícios de nossos centros urbanos. A última imagem da reportagem mostra uma menina de uns sete anos, solitária no pátio da aldeia, olhando para cima. Ela foi a única pessoa da tribo que não foi ao local de decolagem do helicóptero. Evitou a despedida. Era Tacitê Dekaderra. Pelo menos é assim que se pronuncia o nome dela, que se tornou a mascote da nossa equipe durante todo o tempo que convivemos com aquele grupo indígena. Ela até me ajudava a fazer a barba, apontando onde havia espuma no rosto. Uma criança maravilhosa. Oferecemos aquele *Globo Repórter* à pequena indiazinha. Torço para que ela tenha crescido com saúde, que seja feliz e consiga passar as tradições da sua tribo para os filhos e os netos.

# Matadores da selva

Ao contrário dos poturus, que são dóceis e pacíficos, tivemos oportunidade de nos aproximar de um grupo indígena extremamente arredio, que atacava quem invadisse as terras deles. Os temíveis korubos, conhecidos como os índios caceteiros da Amazônia. Eles não desenvolveram a arte de produzir arcos e flechas. Suas armas sempre foram as bordunas — pedaços de pau usados para enfrentar os inimigos e até mesmo para caçar. As primeiras vítimas foram prestadores de serviços, contratados para fazer prospecção e tentar descobrir petróleo na selva. Foram até lá levados por helicópteros e montaram acampamento. O barulho na mata atraiu os korubos. Alguns dias depois, quando os helicópteros voltaram, só encontraram os corpos com os evidentes sinais do massacre. Imaginem seis pessoas levando bordoadas até a morte.

Ataques semelhantes ocorreram no município de Atalaia do Norte, cuja área geográfica tem 98% de floresta nativa. A região era explorada por madeireiros, de forma ilegal, que invadiam as reservas indígenas e aproveitavam os afluentes do rio Javari, que faz parte da fronteira entre Brasil e Peru. A madeira desce pelos igarapés em tempo de cheia e é levada para a outra margem do Javari, sendo beneficiada no país vizinho. Não havia fiscalização. Ninguém questionava nada. E os principais políticos da região estavam envolvidos com a extração ilegal e o contrabando de madeira, inclusive o prefeito de Atalaia e o presidente da Câmara dos Vereadores. Denunciamos o fato no *Globo Repórter*, dando oportunidade aos dois para se defenderem das acusações. As evidências eram tão grandes e as imagens tão fortes que eles não conseguiram ser convincentes.

Os ataques dos korubos aconteceram porque os madeireiros entravam em suas terras para serrar as grandes árvores, inclusive o valiosíssimo mogno. Os índios enfrentavam os homens das motosserras. Os invasores passaram a entrar na selva armados e atiravam nos índios. Temos imagens de corpos dos korubos sendo resgatados no rio. A população ribeirinha passou a viver em pânico com a notícia dos conflitos.

Os índios não se intimidavam. Eram temidos pelos caboclos da região. Mas entrar numa briga com uma borduna e enfrentar um adversário que usa arma de fogo é uma luta desigual. O professor Frederico Arruda, da Universidade Federal do Amazonas, nos procurou para fazer a denúncia:

— Só um programa como o *Globo Repórter* pode levar ao conhecimento das autoridades e do povo brasileiro a gravidade dos conflitos na área dos rios Quixito e Javari. Estão matando os índios com espingarda 12 pra roubar a madeira e contrabandear para o Peru.

Atendendo aos argumentos do professor Fred Arruda, montamos a expedição. Mais uma vez, contamos com a experiência do sertanista Sidney Possuelo. Sempre que vamos a uma área indígena, pedimos autorização à Funai e nos submetemos a exames médicos, para não passar doença aos índios. Subimos dez dias de barco, com muita dificuldade, porque os rios estavam secos e batíamos o tempo todo nos galhos submersos. Um tronco chegou a furar o casco do barco, e quase afundamos. A embarcação foi salva graças à experiência do barqueiro, que conseguiu ancorar numa margem e fazer o conserto.

No tempo em que permanecemos na margem, encontramos um tronco de árvore a meia-água, que Possuelo identificou como uma canoa dos korubos. Era um objeto muito rústico. Para nós, que não temos o conhecimento do sertanista, a única semelhança com uma canoa era o fato de estar boiando. Mas ele estava certo.

— É uma canoa, sim. Eles não têm machado nem facão. Por isso é tão primitiva assim. Esses índios não sabem nadar. Usam troncos de madeira como este para se agarrar e atravessar os rios. Eles estão por aqui.

Na expedição, havia quatro índios que prestavam serviços à Funai. Logo eles descobriram os rastros na selva. Eram nove korubos, segundo os cálculos dos nossos guias. E as pegadas eram recentes. Significava que eles estavam um pouco à frente. Poderíamos alcançá-los. O objetivo do sertanista era tentar o contato com a ajuda dos intérpretes e convencê-los a voltar para o interior da grande floresta, onde eles não seriam molestados pelos invasores. Seguimos as marcas deixadas pelos nativos.

Confesso que eu não conseguia ver as pegadas, mas os índios da Funai estavam convencidos de que um grupo tinha passado por ali havia pouco tempo. Três horas de caminhada pela mata fechada, e de repente nossos guias pararam. Ficaram tensos. Empunharam as armas. Olhavam para a imensidão da selva como se quisessem descobrir alguma coisa. Pediram que ficássemos perto deles. Perguntei o que estava acontecendo. O índio respondeu, sem tirar os olhos da selva:

— Eles estão aqui. Estamos cercados...

Como ele sabia disso, se não estávamos vendo nada? A explicação foi uma aula de conhecimento dos povos indígenas.

— Olhe bem, que você vai ver a marca de dois pés sobre as folhas caídas, atrás dessa árvore. Era um deles que estava observando a nossa chegada. Ali na frente, tem a marca de várias bundas sentadas nas folhas. Eles estavam aqui, descansando, quando ouviram nossa aproximação. Aquela outra árvore tem uma parte da casca arrancada. Eles fizeram uma embira (uma espécie de corda) para amarrar alguma coisa. As pegadas indicam que eles se espalharam. Isso é ruim. Estão cercando a gente! Temos que recuar. Sair daqui o mais rápido possível, antes que eles fechem o cerco.

Nossa primeira reação foi de protesto. Prevalecia a intuição jornalística. Afinal, havíamos andado tanto para encontrar os korubos e logo naquele momento, quando poderíamos gravar as primeiras imagens deles, teríamos que voltar! Não era justo. Não queríamos voltar. Mas Sidney Possuelo usou um argumento contundente:

— Se vocês insistirem em ficar, os korubos vão atacar. Nossos índios vão revidar com armas de fogo. Pode haver um massacre, com mortes dos dois lados. E vocês serão responsáveis. O momento não é oportuno para continuar a aproximação. Temos de recuar. Afinal, viemos aqui para apaziguar os índios, não para enfrentá-los.

Diante da voz da razão, recuamos. Seis meses depois, Possuelo montou outra expedição e conseguiu chegar a um pequeno grupo de korubos. O próprio sertanista diz que ninguém deve fazer contato com as etnias que ainda vivem no mais completo isolamento, no interior da floresta. Confesso que até hoje sinto frustração por não ter chegado até os korubos naquele dia. Talvez o pior momento para um jornalista seja quando ele volta sem concluir a sua reportagem. Não deixei de fazer a matéria porque não encontrei os korubos. O programa do Javari foi ao ar, com graves denúncias. Teve grande repercussão. Mas, para nós, não ficou completo. Faltaram os índios arredios.

Nessa mesma expedição, chegamos até a aldeia dos matis, os índios com cara de onça. Foi assim que a diretora do *Globo Repórter*, Silvia Sayão, fez a chamada da matéria. Eles têm pedaços de madeira, uns palitos grandes, fincados nos lados dos lábios, que confirmam a semelhança com os grandes felinos da selva. Apenas um integrante da tribo falava português. Era o filho do chefe, que havia estudado em Benjamin Constant, cidade que fica a três dias de barco da aldeia. Ele nos ajudou bastante na aproximação com os matis.

Acompanhamos um grupo de guerreiros que entrou na mata para caçar com zarabatanas — tabocas, grandes varas de bambu, transformadas em armas mortais. Os índios usam setas com fortes espinhos na ponta, muitas vezes molhadas no curare, um veneno produzido com uma mistura de ervas. Eles sopram forte de um lado da zarabatana, e a seta parte certeira pelo outro lado do bambu em direção à vítima. Os matis a usam para caçar, mas a zarabatana também é uma arma de guerra.

O v Batalhão de Infantaria de Selva, em São Gabriel da Cachoeira, no alto rio Negro, tem índios que usam arcos, flechas e zarabatanas em missões do Exército. São os soldados indígenas, que representam quase 30% da tropa. A zarabatana também é usada em conflitos entre os próprios índios.

Ainda na aldeia Mati, o que mais nos impressionou foi o ritual do Maruim. Três homens, com o corpo coberto por folhagem e máscaras de barro, entram na aldeia estalando longos chicotes feitos de cipós. As crianças correm apavoradas, gritando e chorando, mas logo são alcançadas e açoitadas sem piedade — cenas violentas, que nos chocaram muito. A cada lapada, ouvia-se o choro dos meninos por toda a aldeia. Procurei o filho do chefe que falava português, para saber o que estava acontecendo. Por que as crianças estavam sendo espancadas daquela maneira? Ele respondeu com frieza:

— Aqui na aldeia, os pais não batem nos filhos. Só o Maruim pode castigá-los. Sempre que os curumins fazem alguma coisa errada, sabem que o Maruim vai chegar um dia para surrar com esses cipós, retirados da floresta. Aquele que está ali segurando o menino para ser açoitado é o pai da criança. É um ritual nosso. Faz parte da nossa cultura.

Perguntei se ele também havia apanhado quando criança. E o filho do chefe mostrou as cicatrizes que ainda tinha pelo corpo, do tempo em que era castigado por aquelas figuras místicas. Eram simplesmente jovens guerreiros, cobertos de adornos de folhas e penas, dando vida ao personagem. Os rituais se repetem esporadicamente. Como todos viviam nus, o chicote atingia diretamente a pele, deixando marcas que raramente desaparecem. Uma forma selvagem de educar os filhos. Mostramos na matéria que faz parte da cultura indígena.

## Waimiris-atroari quase exterminados

Na década de 1970, o Exército começou a construir a BR-174, primeira e única estrada a ligar Roraima ao resto do Brasil. Antes da rodovia, a ligação por terra dos roraimenses era exclusivamente com a Venezuela. O objetivo era unir Manaus a Boa Vista. Mas havia um grande obstáculo: abrir um corredor de 120 quilômetros pelas terras dos waimiris-atroari, em meio à floresta até então intocada. Os sertanistas tentaram impedir o desmatamento e a entrada das máquinas, temendo a reação dos índios, mas o governo argumentava que o território de Roraima não podia continuar isolado, dependendo da Venezuela. De combustíveis a alimentos, tudo era importado do país vizinho.

Coube ao Exército brasileiro construir a estrada, abrindo caminho pela selva. Quando as máquinas entraram na mata, a reação dos índios foi imediata. Eles partiram contra os "invasores" atirando com arcos e flechas, mas foram recebidos a bala. Uma luta desigual. Houve baixas dos dois lados. O povo da floresta levava nítida desvantagem. Os militares recorreram à Funai, órgão responsável pela tutela indígena, para afastar aqueles "selvagens" da frente aberta por tratores e motosserras.

Expedições de sertanistas e religiosos foram enviadas para tentar aproximação com os waimiris-atroari. O padre italiano Calleri achou que poderia cumprir a missão. Aproximou-se dos índios, com mais nove homens. Foi um massacre. Todos mortos. Contam que o padre Calleri levou uma flechada tão forte que o seu corpo ficou preso a uma árvore. Vinte anos depois, consegui entrevistar o índio que matou Calleri. No período do ataque, ele era um guerreiro muito jovem. E coube a ele a missão de executar o padre. A média de idade dos sobreviventes da guerra durante a construção da estrada era muito baixa. Os mais velhos morreram no conflito. E Tomaz, o matador de Calleri, era um dos poucos veteranos da tribo. A única frase que ele sabia em português era "Tomaz matou Calleri!".

Outra expedição famosa na época foi a do sertanista Gilberto Figueiredo, também com dez homens. Conseguiu chegar até o rio Alalau, que dava acesso à aldeia. Infelizmente teve o mesmo destino da expedição do padre Calleri. Foram atacados e mortos. Apenas um membro do grupo sobreviveu: José Porfírio de Carvalho. Ele estava pescando, um pouco afastado do acampamento. Quando ouviu a gritaria do ataque, se jogou no rio. Ficou encoberto pela vegetação aquática. Passou a noite dentro d'água, sendo levado pela correnteza.

José Porfírio mora em Brasília. Apesar de lamentar a morte dos companheiros, ele dá razão aos índios, pois era contra a construção da estrada. Escreveu um livro que foi censurado pelos militares em plena ditadura e só depois liberado. Foi o único a denunciar a matança de índios. Antes da construção da estrada, os waimiris-atroari eram mais de 2 mil. Na conclusão da rodovia, tinham sido reduzidos a 374. Quase foram extintos nos conflitos e também por doenças como gripe, sarampo e malária. Gravei com José Porfírio no local do massacre.

Meu primeiro contato com os waimiris-atroari foi há 36 anos. A Funai mantinha um posto avançado na boca do rio Alalau, para tentar aproximação com os guerreiros da Amazônia. Nesse posto, apenas uma palhoça com rádio e cinco índios que falavam o mesmo idioma dos donos da terra, mas não avançavam, temendo algum tipo de reação. Até que o filho do chefe foi picado por uma cobra venenosa. Quando chegou à aldeia, a ferida já estava infeccionando. O pajé tentou salvá-lo com chás de raízes e aplicação de resinas no local afetado, mas não conseguiu êxito. O chefe tomou a iniciativa de levar o menino até o posto com um grupo em quatro canoas, descendo o rio. Os índios cercaram os funcionários e exigiram:

— Queremos curumim vivo!

Os índios do posto avançado recorreram ao rádio e fizeram um apelo dramático à Funai, em Manaus:

— Pelo amor de Deus, eles estão aqui. Cercaram o posto. Estão com um menino mordido por cobra venenosa. Querem o curumim vivo. Mandem o hidroavião agora, senão eles matam a gente...

A Funai recorreu a um pastor evangélico norte-americano que tinha um aviãozinho anfíbio, único meio de transporte capaz de chegar a tempo, para descer no rio, ao lado do posto. Era uma questão humanitária, e o menino foi recolhido no mesmo dia. Quando chegou ao hospital, em Manaus, a primeira decisão dos médicos foi propor a amputação da perna. Os indigenistas não permitiram, porque o menino mutilado não seria aceito de volta.

Ele foi tratado durante três meses, até que a ferida sarou. Ficou com algumas sequelas, mas com o tempo poderia se curar. Enquanto isso, os waimiris-atroari permaneciam no posto avançado, aguardando o retorno do curumim. E ameaçavam os funcionários, que eram mantidos como reféns. A Funai não tinha orçamento para alugar o avião do pastor e levar o menino de volta — não havia pago nem o primeiro voo —, e o superintendente no Amazonas, Kazuto Kawamoto, entrou em contato comigo. Perguntou se a Globo pagaria os voos. A direção autorizou, e fomos levar o curumim.

O hidroavião era tão pequeno que não conseguíamos levantar voo. Avançava em velocidade pelo rio Negro, mas não conseguia sair da água. Foram seis tentativas frustradas, sem força para decolar por causa do peso. Éramos quatro a bordo: o pastor no comando, eu ao lado, o indiozinho de uns oito anos e o cinegrafista Roberto Quirino, atrás. Ao final de cada tentativa, retirávamos uma parte do nosso equipamento, para diminuir o peso. Percebi que havia uma corda grande embaixo do banco, mas o pastor não deixou que a tirássemos, com um argumento bastante convincente:

— Se o avião cair, como é que nós vamos descer das árvores? Sem a corda, vamos ficar lá em cima. As árvores são muito altas. Não tem como descer...

Chegamos ao rio Alalau depois de uma hora e meia de voo. E gravamos as primeiras imagens dos temíveis waimiris-atroari. Eles estavam felizes com o retorno do curumim, mancando de uma perna, mas vivo! Percebi que alguns estavam usando camisetas. A explicação é que, enquanto o menino estava no hospital, a Funai havia mandado um barco ao local, levando as camisetas como brindes, para acalmar os guerreiros. Nos três meses, enquanto esperavam o garoto, até algumas mulheres foram para o posto avançado.

Vinte e dois anos depois desse primeiro contato, encontrei, no aeroporto de Brasília, José Porfírio de Carvalho — aquele que foi o único sobrevivente do massacre da expedição do sertanista Gilberto Figueiredo. Com o tempo, ele se tornou o mentor do Projeto Waimiri-Atroari, que levou a Eletronorte a indenizar os índios pela invasão do lago de Balbina sobre uma grande área indígena. Para construir a maior hidroelétrica do estado do Amazonas, a água represada na barragem de Balbina alagou boa parte das terras indígenas.

José Porfírio passou de sobrevivente do massacre a conselheiro dos índios. Ele é muito respeitado pelo povo da floresta, que vive em doze aldeias, entre Roraima e o Amazonas. No encontro que tive com ele, em Brasília, perguntei se poderia fazer uma reportagem para mostrar o ritual de iniciação do jovem guerreiro. José Porfírio tentou desestimular a ideia, com um argumento sólido:

— Nem os funcionários da Funai, que vivem no posto de saúde perto da aldeia, conseguem ver esse ritual. Só escutam a cantoria, por três dias e três noites. Mas eles não deixam ninguém ir até lá.

Insisti! Pedi para ir até a base do projeto, na margem da estrada. Eu queria pedir autorização ao cacique, aos líderes da comunidade. Com o compromisso de sair imediatamente da área se eles negassem o nosso pedido, fomos até lá. No primeiro dia, apareceram alguns índios. O cinegrafista Eduardo Riecken fez imagens deles, depois mostrou o que havia filmado utilizando um monitor a bateria. Era a primeira vez que eles se viam num aparelho de TV, uma experiência que provocou muitas risadas e a curiosidade do grupo.

No dia seguinte, veio mais gente, saindo da mata com o intuito bem claro de ser filmado, para se ver na TV portátil. Num momento de descontração, contei a história do menino mordido de cobra, do curumim que devolvemos aos pais no hidroavião. Perguntei se ele estava vivo, se ainda morava naquela aldeia. Todos se mantiveram em silêncio. A comunicação ainda era difícil. Apenas 30% deles falavam português. E, quando não querem se comunicar, é como se não entendessem o que perguntamos. No terceiro dia surgiu um grupo ainda maior. Fui avisado pelo pessoal da Funai:

— Aquele que vem no meio é o chefe. Se ele disser pra vocês saírem daqui, por favor, não demorem nem dois minutos. Eles são muito bravos.

O silêncio foi quebrado pelo próprio líder, que tinha o poder de autorizar a nossa permanência ou nos mandar embora imediatamente. Ele perguntou:

— Quem levou curumim no avião?

Respondi que havia sido eu! E ele então revelou, com uma das mãos no peito:

— Eu sou curumim!

Era ele, o menino que havíamos devolvido à aldeia 22 anos antes. Com a morte do pai, ele ocupou a posição de líder. E nos deixou seguir até a grande maloca, onde, durante três dias, gravamos imagens impressionantes do ritual de iniciação do jovem guerreiro. Entre outras provas, meninos de quatro a cinco anos eram submetidos a um verdadeiro suplício. Os próprios pais pegavam formigas imensas para atacar as crianças. Perguntei o porquê daquele sacrifício.

— Formiga é caçadora. Curumim tem que ter sangue de caçador.

Era como se as picadas dolorosas das formigas transmitissem para o sangue dos meninos a vocação para a caça, que na tradição indígena é um meio de sobrevivência. As matérias foram ao ar no *Fantástico*. Tive a honra de me tornar amigo dos waimiris-atroari. Ganhei até um apelido: Cabeça Branca!

Há oito anos, nasceu o milésimo waimiri-atroari. Na década de 1970, quando o Exército terminou a construção da estrada, essa nação indígena estava reduzida a 374 pessoas. Eles estão se reproduzindo rapidamente. Fui convidado para a "Festa do Mil". Fiquei três dias na aldeia, com o cinegrafista Marconi Mattos e o upjoteiro Barbosa, da Rede Amazônica. Foi a festa mais autêntica que já vi. Eles dançavam dia e noite. As mulheres nuas marcavam o passo com os filhos pequenos amarrados nas costas por uma tira de casca de árvore. Os bebês chegavam a dormir nas costas das mães, com o balanço e o canto. Todos ali celebravam o renascimento de uma nação indígena que esteve bem perto do extermínio.

Em matérias como essa, no meio da selva, na maioria das vezes encontramos muita dificuldade para carregar o equipamento. Já passamos dias inteiros caminhando pela floresta. Numa dessas jornadas, o upjoteiro Admilson José, nosso querido CG, teve que carregar um gerador para iluminar parte de uma aldeia durante um ritual noturno dos índios. Além de ser um trabalho cansativo, corremos o risco de sofrer um ataque de abelhas, que acontece constantemente. São os desafios da selva que temos de enfrentar.

# Em busca dos grandes animais do planeta

A atração por animais selvagens me levou a sugerir sucessivas pautas em busca dos grandes animais do planeta. Para isso, contei com apoio de Humberto Pereira, Lucas Battaglin e Odair Redondo, do *Globo Natureza*; Silvia Sayão, minha eterna diretora no *Globo Repórter*; Luizinho, Luiz Petry, Gustavo Vieira e Cadu, do *Fantástico*; Jô Mazzarolo, diretora no Recife; Silvia Farias, diretora executiva do Jornalismo; e Ali Kamel, diretor da nossa Central Globo de Jornalismo, que tem a decisão final. Eles aprovaram os projetos, além de sugerirem novas pautas. Sem a aprovação do orçamento e o aval da direção, não vamos a lugar nenhum, principalmente se a matéria for no exterior. Todo repórter de televisão se destaca pelas oportunidades de trabalho. Eu procurei aproveitar ao máximo as chances que tive. E chegar perto dos grandes animais foi uma realização para um profissional que muito se dedicou à preservação das espécies e do meio ambiente.

## Dragões-de-komodo

A pauta surgiu durante uma viagem de férias a Fernando de Noronha, com amigos da Globo. Eu acabara de voltar da gravação de um *Globo Repórter* na Costa Rica, onde mergulhei com centenas de tubarões. Amauri Soares, na época editor-chefe do Jornalismo em São Paulo, sugeriu com seu eterno bom humor:

— Mergulhar com esses tubarões mansos, que não atacam ninguém, é moleza. Quero ver você chegar perto dos dragões-de-komodo, aqueles lagartos gigantes, de três metros, que estão sempre babando veneno, são carnívoros e atacam tudo que se mexe na frente deles. Mas só vale se você entrar na ilha e andar sete quilômetros até a cruz que marca o local onde os bichos devoraram um fotógrafo suíço. Eu li que eles comeram tudo. Só deixaram os óculos e as câmeras fotográficas.

Silvia Sayão, diretora do *Globo Repórter*, aprovou a pauta. Formamos a expedição. Isabela Dutra fez a produção e nos acompanhou. Pedi autorização à repórter Sônia Bridi para me emprestar o marido dela e seu principal companheiro de reportagens, Paulo Zero, que é uma sumidade com a câmera na mão. As imagens e a criatividade dele estão no nível de cinema. Amorinzinho, um dos upjoteiros mais completos do Rio de Janeiro, que tem medo até de lagartixa, foi o escolhido para enfrentar os maiores lagartos do planeta. Os dragões adultos chegam a três metros de comprimento e podem pesar até 120 quilos.

Partimos para a longa viagem. Komodo é uma das mais de 17 mil ilhas da Indonésia, acessível apenas de barco. Para gravar reportagem na ilha é preciso autorização de três ministérios. Missão difícil, mas não impossível para a produtora Isabela Dutra. A partir do desembarque, tivemos que andar em passarelas sobre palafitas, com mais de dois metros de altura, para evitar o ataque dos dragões. Fomos recebidos na entrada do acampamento por representantes do órgão de preservação ambiental do país, semelhante ao nosso Ibama.

Komodo é um parque nacional. Todos nós fomos obrigados a assinar um termo de responsabilidade pelas nossas vidas. Consta do termo que os animais vão nos atacar e o governo da Indonésia não se responsabiliza pelas consequências. Fomos avisados, como se naquele item do termo de responsabilidade cessasse qualquer ação do país para nos defender. Mas eles foram condescendentes. Cada um de nós recebeu uma vara com forquilha na ponta para afastar os carnívoros em caso de ataque. E nos ensinaram a usá-la, estocando o animal à altura do pescoço.

Uma desvantagem enorme para Paulo Zero, que, por ter de ficar com a câmera, não podia usar a arma de defesa. Eu me tornei o escudeiro dele. Quando os dragões vinham para cima do cinegrafista, eu tinha que interceptá-los, porque ele não podia se defender enquanto filmava. Tivemos que afastar os bichos diversas vezes. Numa delas, o animal derrubou o tripé, mas Paulo Zero agiu rápido e conseguiu retirar a câmera a tempo.

Foi o animal mais temível e asqueroso que já vi de perto. No primeiro dia de gravações, foi meio frustrante, pois eles não atacaram. Ficavam sempre parados no capinzal, totalmente imóveis, como se estivessem mortos. O guia nativo, um guarda-parque, nos alertou:

— Eles ficam assim parados, mas, quando as vítimas se aproximam, atacam! E se eles morderem, as chances de sobrevivência são mínimas, porque essa baba escorrendo pela boca contém bactérias letais. Muita gente já morreu aqui depois de ser atacada pelos dragões.

Ficamos hospedados no alojamento dos guarda-parques, instalado sobre palafitas. À noite, no jantar, traçamos uma estratégia de gravação para o dia seguinte. Paulo Zero, insatisfeito com as imagens do primeiro dia, reclamava:

— Nós só temos imagens dos bichos parados. Precisamos atraí-los de alguma forma, para que eles se movam. Precisamos de ação. Como vamos dizer que esses bichos atacam se eles não saem do lugar?

O guia deu a ideia: levar um saco plástico com peixe seco. Os bichos têm um olfato extremamente apurado e sempre atacam para pegar o peixe. Nosso querido upjoteiro, Amorinzinho, aquele que tem medo de lagartixa, protestou:

— Essa não! Levar isca para atrair aquelas feras pra cima da gente! Tô fora!

Ele passou a noite inteira sem dormir, sentado na cama, olhando para a janela, porque achava que o dragão podia entrar no alojamento por ali. No dia seguinte, logo cedo, após um café da manhã improvisado, o guia nos entregou um saco plástico com o peixe seco. Tentei entregar a "isca" para Amorinzinho e disse:

— Hoje você não precisa carregar o tripé, basta levar esse saco plástico.

A reação foi violenta. Amorinzinho ameaçou até me matar. Ele me xingou de tudo que é nome! E só nos acompanhou pela ilha na condição de ficar bem longe dos dragões. Seu ponto estratégico foi em cima de um morro, sem nenhum bicho por perto, nos acompanhando de longe, com o olhar.

O guia estava certo. Descemos o morro, e os animais começaram a chegar por todos os lados. Paulo Zero mandava que eu colocasse os peixes na frente da lente e assim fez imagens impressionantes dos famosos monstros da Indonésia, mas a situação começava a se tornar incontrolável. Eram muitos bichos famintos nos cercando, atraídos pelo odor dos peixes. Com a mão esquerda eu segurava o saco plástico amarrado por um cordão. Com a direita, estocava o pescoço dos bichos, para mantê-los a uma distância razoável, de pelo menos dois metros, para evitar que nos mordessem. O guia sentiu que estava na hora de parar e nos mandou jogar o peixe fora. Joguei na direção do morro onde estava Amorinzinho. Três dragões correram morro acima para pegar os peixes. Lá de baixo, gritei:

— Amorinzinho, olha o que está indo na tua direção!

Quando ele viu os dragões subindo, largou tudo, gritou e saiu correndo em direção ao acampamento. A velocidade era tanta que a gente não o via tocar no chão. Parecia flutuar como um exímio velocista, sem parar de gritar. Pode ser *bullying*, mas nada afeta a nossa grande amizade. Sempre que nos encontramos no Rio, comentamos sobre o trauma do dragão. No terceiro dia de gravação, Paulo Zero subiu numa árvore e instalou uma microcâmera lá em cima. Filmou o dragão subindo para pegar os peixes que deixamos nos galhos.

No quarto dia, eu corri arrastando um saco com peixes para atrair o dragão até a praia e filmar o bicho no mar. É lógico que corri com todo o cuidado para não tropeçar. Comprovamos também que aquele animal é mais lento que o homem. A imagem do dragão bem na frente da câmera, na rebentação das ondas, é impressionante. Para completar a pauta, fizemos uma longa caminhada pela ilha, até chegar à cruz de madeira, no alto de um morro, que marca o local onde o fotógrafo foi devorado pelos dragões. E assim conseguimos mostrar aos brasileiros um animal tão diferente, que está sempre faminto e só existe na ilha de Komodo.

## Rinocerontes-brancos e leões

O RINOCERONTE-BRANCO é o maior dos rinocerontes, extremamente ameaçado de extinção. Depois do elefante, é o maior mamífero terrestre, com dois metros de altura, cinco de comprimento e pesando quatro toneladas. A espécie é perseguida pelos caçadores, atraídos pela lenda de que o seu chifre, raspado e transformado em "medicamento", cura doenças, inclusive o câncer. Esse pó é consumido também como afrodisíaco. Outra ameaça é a cobiça de milionários excêntricos, que pagam fortunas por um adorno de chifre do rinoceronte-branco.

Fomos até o Zimbábue para localizar uma família desses animais tão raros. Contratamos guias nativos num pequeno povoado e seguimos para um dia de cavalgada pela savana. Não havia estradas, nem podíamos ir a pé por causa da distância e do risco de ataque dos animais selvagens. Depois de muito tempo a cavalo, os guias avançados encontraram o bando. Descemos das montarias e nos aproximamos, andando com muito cuidado, sem fazer nenhum barulho.

As recomendações dos guias eram dramáticas: "Não falem e não pisem em gravetos para evitar atrair a atenção dos paquidermes. E se eles atacarem, corram para trás de uma árvore". Olhamos para os lados. Não havia nenhuma árvore à vista. Só gravetos de uma vegetação rasteira e capim alto, típicos da savana, em tempo de seca.

Chegamos bem perto dos bichos. Eles não têm boa visão, mas a audição é perfeita, e o olfato, muito apurado. O vento que soprava na direção deles já havia nos denunciado. Por sorte continuaram tranquilos, pastando. O cinegrafista fez a parte dele. Registrou com perfeição as imagens dos animais que são um dos símbolos da fauna africana e podem desaparecer nas próximas décadas.

Eu tinha que fazer a minha parte: gravar a passagem, narrar a emoção de estar ali. Registrar a presença da nossa equipe ao lado daquelas raridades, com informações sobre a nossa expedição, que conseguiu chegar tão perto. É isso que diferencia as reportagens da televisão brasileira em comparação com os grandes documentários, que apresentam apenas narrativas e belas imagens. O papel do repórter de vídeo é exatamente esse, aproximar o telespectador dos fatos, fazer com que ele viaje com a equipe e se sinta presente numa longa jornada como aquela, para ver de perto animais raríssimos, no seu ambiente, sem interferir na sua rotina.

Preocupados com a segurança, os guias não entendem assim. Eles têm pavor dos rinocerontes, dos leões e dos elefantes, porque no passado foram guias de caçadores, que iam até ali para matar. É lógico que as feras reagiam com agressividade, porque estavam frente a frente com seus predadores. Até hoje, nos países onde ainda existe caça, os bichos consideram o homem como seu inimigo natural. Não era o caso da família de rinocerontes-brancos, que, naquela área de proteção ambiental, estava livre de caçadores. Aproveitei que os bichos estavam tranquilos e, apesar dos protestos dos nossos guias, fui até perto deles e falei. Afinal de contas, atravessei o oceano Atlântico, passei um dia inteiro ralando no lombo de um cavalo para falar durante um minuto. Aquele era o momento.

Cinco anos depois, no lago Nakuru, no Quênia, tivemos um contato nada agradável com o chamado rinoceronte-preto. Na realidade, nem o branco é totalmente branco, nem o preto é inteiramente preto. Um tem a cor mais puxada para o cinza, e o outro parece ser de um marrom-escuro.

No lago Nakuru há mais de 1 milhão de flamingos, que tornam as águas cor-de-rosa um mar de aves belíssimas, cujos movimentos mais parecem um balé aquático. Chegamos ao Nakuru, e as hienas estavam atacando. Imaginem esses temíveis carnívoros pulando na água rasa do lago para pegar os flamingos. O cinegrafista Marconi Mattos delirava com as imagens das incríveis revoadas a cada ataque das hienas.

O tempo estava nublado, meio escuro ainda. De repente, o guia gritou e apontou para trás do nosso carro. Um rinoceronte-preto vinha correndo na nossa direção. Parecia que ia trombar com o veículo, uma caminhonete Land Rover fechada, com teto solar. Mas, quando chegou bem perto, o bicho parou, ficou observando um pouco e voltou a passos lentos. O guia interpretou que ele viu de longe o nosso carro como se fosse outro macho dominante invadindo a área dele. A visão do bicho não é boa. E só quando chegou perto percebeu o equívoco.

Nessa mesma viagem, Marconi estava no teto da caminhonete, com a câmera no tripé, filmando um bando de leões deitados na savana. Surpreendentemente, uma leoa levantou, ficou em posição de ataque e foi andando meio agachada em direção ao carro, com os olhos fixos no cinegrafista, como se ele fosse a sua presa. O guia engatilhou o fuzil. Avisei logo para ele não atirar em hipótese nenhuma, mas o diálogo ficou tenso entre mim e Marconi:

— Chico, ela está vindo...

— Continua gravando, não podemos perder essa cena...

— Mas ela está se preparando para pular em cima de mim...

— Se ela atacar, pula pra dentro do carro que eu fecho o teto solar, mas deixa a câmera gravando...

No fim, prevaleceu a lógica! A leoa viu que o cinegrafista não era uma gazela, sua caça predileta. Esfregou o corpo no para-choque da caminhonete, se coçou e voltou para o lugar onde estava deitada. A produtora Vanda Viveiros, nossa querida Vandinha, que estava muito tensa dentro do carro, passou horas rindo ao relembrar a cena e o diálogo. Continuamos a viagem pela savana e chegamos ao lado de um leão imenso que dormia. Paramos a dois metros dele, posicionando a janela de Marconi ao lado da fera adormecida. Tivemos que esperar uma meia hora para ele acordar. Deu tempo para fazer um lanche, sempre com o carro fechado. O bicho só acordou porque baixei o vidro e gritei:

— Leão! Ei, leão, tá na hora de acordar, pô!

Não deixa de ser ridículo, mas era a única forma de gravar a imagem do mais belo leão que encontramos na savana. Ele andou até uma árvore próxima e voltou a comer um gnu, que provavelmente havia abatido na noite anterior. Marconi Mattos é pernambucano de Caruaru. Eu o considero um dos maiores companheiros que tive em toda a minha odisseia de reportagens. Hoje está no *Fantástico*, em São Paulo. É um dos melhores repórteres cinematográficos do país.

Nessa viagem, Marconi também teve a oportunidade de aprontar comigo. Fomos a uma reserva, no Quênia, onde havia uma área destinada aos guepardos. Muitos animais feridos eram levados para tratamento naquela reserva, até se recuperarem totalmente para voltar a viver livres na natureza. De repente, um homem abriu a grade e entrou no recinto dos felinos. Foi levar comida para os bichos.

Pedi para entrar e gravar a passagem ao lado dos animais. Se o funcionário da reserva entrou ali, eu também poderia entrar. Insistimos, até que a diretora da reserva autorizou minha entrada, desde que eu assinasse um documento isentando a direção, caso houvesse algum incidente. Eu me aproximei de um dos bichos e gravei:

— Esse é o animal mais rápido do planeta, um dos maiores caçadores das savanas. Chega a atingir a velocidade de 104 quilômetros por hora. Eu só estou aqui ao lado deles porque estão em fase de tratamento, recuperando-se de ferimentos a bala.

Gravei a passagem, que para mim estava perfeita, mas Marconi questionou:

— Não ficou boa, não! Tem que fazer de novo. Enquanto você estava falando, o bicho estava olhando para o outro lado.

— E o que você quer que eu faça?

— Quando começar a falar, vira a cara dele pra cá, assim eu o pego de frente.

Só o Marconi Mattos para ter ideias como essa. Virar a cara de um guepardo, uma das feras mais temidas da savana. Mas ele sabia que eu ia concordar. E na segunda passagem, que foi ao ar no *Globo Repórter*, eu estou pegando no pescoço do guepardo e virando a cara dele em direção à câmera, como ele queria.

Na África, me lembrei de uma das primeiras edições do *Globo Repórter* que gravamos, no Pantanal. Partimos em duas canoas pelo rio Negro, em Mato Grosso do Sul, à procura dos caçadores de jacarés. Eles chegavam a abater clandestinamente 5 mil animais por ano, apenas para aproveitar a pele que era enviada para os Estados Unidos, via Bolívia, como matéria-prima para bolsas e sapatos. No terceiro dia, acabou nossa comida. No final da tarde, ainda nos barcos, fomos pescar para garantir o jantar, mas só conseguíamos pegar piranhas. Fiz um comentário:

— Se um de nós cair aqui no rio, vai ser devorado pelas piranhas. O cardume é grande!

Um dos barqueiros respondeu que, se ele ou o amigo dele caíssem no rio, não aconteceria nada. E começou uma discussão boba entre nós:

— Como assim? As piranhas por acaso conhecem vocês?

— Nós somos nascidos e criados aqui no Pantanal, e a gente está acostumado a entrar nos rios com piranhas.

E fez uma proposta:

— Se você me der 5 mil cruzeiros (a moeda da época), eu mergulho aqui, vou até o outro lado do rio e volto!

Respondi com uma contraproposta:

— Tudo bem! Mas se eu também mergulhar até o outro lado do rio e as piranhas não fizerem nada comigo, você devolve o dinheiro.

Acordo fechado, ele pulou na água e, quando voltou, recebeu os 5 mil. Pulei em seguida, fiz o mesmo percurso e tomei o dinheiro de volta. Foi assim que decidi entrar no recinto dos guepardos, mesmo correndo o risco de as feras estarem acostumadas com o tratador e me estranharem.

Na expedição pelo delta do Okavango, em Botsuana, fomos ao encontro dos leões que nadam. Tiveram que aprender a nadar para perseguir os búfalos, uma vez que a área onde eles vivem está quase sempre alagada. Ficamos quatro dias no delta, seguindo os leões. Mostramos em detalhes, no *Fantástico,* o eterno duelo entre leões e búfalos, seus ataques sucessivos e a forma como as leoas tomam a iniciativa. Elas passavam horas deitadas à sombra das moitas na savana. Nós também ficávamos descansando ali ao lado, dentro dos carros. Quando uma leoa partia em direção à manada, as outras seguiam junto.

Os búfalos mais fortes formavam uma barreira para proteger os filhotes, alvo predileto das leoas. Na maioria das vezes, os búfalos levam vantagem. São animais muito fortes, que chegam a jogar leoas para o alto quando acertam uma chifrada. O cinegrafista San Costa, do Recife, fez imagens maravilhosas. Ganhou o prêmio interno da Globo pelas melhores imagens do ano de 2014.

Na expedição Okavango, passamos algumas noites em acampamentos montados no meio da savana, exclusivamente para a nossa equipe. Era uma matéria do *Globo Natureza*, e nós tínhamos a companhia de Hellen Santos, uma produtora extraordinária, que providenciou todas as locações, inclusive a montagem do acampamento. Havia uma recomendação, que na realidade era uma imposição: não sair das barracas à noite, porque os leões podiam entrar no acampamento. Em duas noites acordamos com urros dos animais, como se estivessem ao lado das barracas. Difícil era voltar a dormir depois daqueles sustos.

***

## Baleias e elefantes-marinhos

Acompanhei a matança de baleias na costa nordestina. Embarquei no navio japonês *Katsumaru*, que depois foi reformado e rebatizado como *Cabo Branco*. Viajei duas vezes para denunciar a caça à baleia pela multinacional Copesbra. Há estimativa de que 22 mil baleias foram abatidas no litoral do Nordeste entre 1958 e 1987, quando a pesca foi proibida por lei. O governador paraibano na época, Wilson Braga, defendia a continuação da matança, sob a alegação de que, caso contrário, haveria desemprego.

Cerca de quinhentas pessoas trabalhavam na caça e na industrialização da carne e do óleo das baleias. O barco pesqueiro partia de madrugada, da praia da Costinha, ao lado de João Pessoa, e só retornava à noite. Chegavam a matar entre oito e dez baleias por dia, no auge da temporada. E na "indústria de beneficiamento" da Costinha, as baleias mink e jubarte vinham amarradas ao lado do navio, eram arrastadas por correntes, puxadas por guindastes e retalhadas ali mesmo, na presença dos "turistas", que iam de barco todas as noites para ver as cenas macabras.

Em alto-mar, o tripulante que avistasse a baleia ganhava uma gratificação. O artilheiro era um japonês, Akio Sato, que mal falava nosso idioma, mas tinha uma mira perfeita. Raramente errava um tiro. O canhão ficava na proa do navio, e, quando as baleias vinham à superfície para respirar, ele disparava o arpão. Como acontece até hoje, as baleias vêm do Atlântico Sul até o Nordeste para se reproduzir. O artilheiro atirava sempre nas mães, que são maiores. Certamente, sem poder amamentar, os filhotes não suportavam a viagem até o sul do continente. Era uma matança indiscriminada. O mar azul se tornava vermelho com o sangue das baleias atingidas. Essas imagens chocaram os brasileiros de bom-senso. Logo após as duas reportagens, mais uma do Pedro Bial e outra da TV Manchete, houve revolta popular e a caça foi proibida.

Eu e o repórter José Raimundo, meu irmão da Bahia, fizemos dezenas de matérias com as baleias no arquipélago de Abrolhos e na praia do Forte. Elas estão se reproduzindo cada vez mais. Encantam os turistas que vão ao litoral baiano no período de julho a dezembro. Agora tem a fiscalização do ICMBio e do Instituto Baleia-Jubarte, que estabelecem normas para um turismo controlado, que não cause nenhum dano ou ameaça às baleias.

Tive a oportunidade de encontrar as jubartes também nas Bahamas. Elas migram do Ártico para ter os filhotes no mar do Caribe. Nadei ao lado delas, com o cinegrafista submarino Enrico Marcovaldi. Mais recentemente houve outro encontro, na Patagônia, atravessando o estreito de Magalhães, onde navegamos por bastante tempo junto das baleias. Elas pareciam posar para a câmera, passando bem perto do pequeno barco que usávamos para nos aproximar delas. O cinegrafista Dennys Leutz ria de felicidade enquanto filmava. Hoje, livres dos tiros de canhões dos japoneses, elas fazem a alegria dos cinegrafistas e são estrelas de nossas reportagens.

Na travessia pela Patagônia, encontramos também os elefantes-marinhos, a foca-leopardo, pinguins e toda a fauna do sul do continente. Mergulhei com o cinegrafista submarino Fábio Pereira na floresta de algas submersa, com roupa seca, uma vestimenta especial para suportar a água gelada. Nesse *Globo Repórter* foi ao ar uma passagem que fiz ao lado dos elefantes-marinhos. Havia cerca de vinte deles dormindo numa praia deserta, ao lado da cordilheira de Darwin, no sul do continente. Cheguei bem perto deles e comecei a gravar:

— Temperatura abaixo de zero e muito vento. Andando devagar pela praia, conseguimos chegar bem perto dos elefantes-marinhos. Olha o tamanho desse bicho! Eles chegam a mais de quatro metros e podem pesar mais de uma tonelada...

O animal acordou feroz, porque estava sendo incomodado no seu sono, e rosnou forte em minha direção, mas só corri depois que terminei de gravar a passagem, de improviso, a dois metros de distância dele:

— Ele acordou agora! Está bravo porque estou falando aqui perto. Fique calmo! Daqui a pouco vou embora. Uma criança que nasce numa maternidade com cinco quilos já é um espanto. É considerada um bebê muito grande. Os filhotes de elefante-marinho nascem com cinquenta quilos.

## Gorilas das montanhas

Vi e revi o filme *A montanha dos gorilas*, sobre a saga da pesquisadora Dian Fossey, que dedicou a vida em defesa dos maiores primatas do mundo, interpretada no filme pela atriz Sigourney Weaver. Fiquei muito impressionado, sonhando um dia poder subir aquelas montanhas e chegar até os gorilas. A cientista defendeu esses animais até ser morta pelos caçadores, que tantas vezes enfrentou na tentativa de salvar a espécie, já à beira da extinção. Quando a pesquisadora foi morta a golpes de facão, restavam apenas cerca de 370 gorilas nas montanhas de Ruanda, Uganda e do antigo Zaire, atual Congo.

Luizinho, diretor do *Fantástico*, aprovou a pauta, desde que fizéssemos mais três reportagens. Era preciso voltar da África com quatro matérias. Para viabilizar o orçamento, nossa equipe ficou limitada a duas pessoas, o cinegrafista e eu. A produtora Ana Flor, que morava no Quênia, fez todas as marcações e montou duas expedições com nativos para nos acompanhar nas montanhas.

O cinegrafista foi escolhido na Globo Nordeste. Era a vez de Antonio Henrique, a quem eu fiz jurar, com o braço estendido, no meio da redação:

— Juro que, se o gorila atacar, mantenho a câmera gravando! Juro que, se o gorila atacar o repórter, gravo o ataque até o fim!

Ele repetiu o juramento. Claro que era uma brincadeira, mas também um alerta de que não podia sair correndo caso o bicho atacasse. Afinal de contas, íamos atravessar o oceano, subir montanhas a 3.700 metros de altitude por dentro da selva para chegar perto dos gorilas. Se ele tivesse medo, tinha que desistir na redação, a tempo de ser substituído por outro.

Mas Antonio Henrique não é de recuar. Reclama de tudo, mas filma muito bem e enfrenta situações adversas. Tentou até se exibir, quando estávamos nos aproximando da primeira montanha, em Ruanda. Passou correndo pelo grupo para pegar uma imagem de frente. Com a experiência que tenho nessas expedições de escalada, argumentei para ele não correr com a câmera, pelo desgaste:

— Não corra, não, Henrique! Nós vamos passar dos 3 mil metros de altitude, e você vai precisar de toda a sua energia lá em cima.

O cinegrafista, no auge do entusiasmo, respondeu que podia deixar, que ele se garantia. Jovem, atleta, cheio de entusiasmo, convicto de que estávamos iniciando a subida pela selva para um trabalho inusitado. O líder dos guias fez mais uma preleção. Pediu para termos cuidado com o chão escorregadio, com as folhas urticantes, as abelhas, as formigas e as cobras venenosas. Logo após o *briefing* com a exposição do guia, voltei a orientar Henrique:

— Esse carregador grandão que está aí ao seu lado foi contratado para carregar a câmera. Ele tem uma mochila pra isso!

O cinegrafista reagiu:

— Eu que levo a câmera. Se aparecer alguma coisa no caminho, eu gravo. Vou filmando o tempo todo!

Ele tinha razão. Seu raciocínio era o ideal. Se conseguisse fazer o que dizia, seria um herói. Podia levar uma câmera Go Pro, que é leve e fácil de carregar, mas aquela era uma câmera profissional com cerca de quinze quilos. Com duas horas de escalada, somando o esforço físico ao cansaço, ela estaria teoricamente pesando o dobro. A disposição do meu companheiro de gravação não durou muito tempo. Nos primeiros quinhentos metros de escalada, o atleta caiu na real. Estava sem fôlego. Não conseguia respirar direito. Sentia os primeiros efeitos da altitude. Entregou a câmera ao carregador grandão. Descansamos. E, logo em seguida, incentivei:

— Vamos embora, Henrique. O velho aqui sou eu! Os gorilas estão nos esperando lá em cima. Ainda temos mais de três horas de escalada.

A partir dali, subimos devagar e sempre, parando e recomeçando a caminhada. A produtora Ana Flor havia contratado dez pessoas, entre guias, carregadores e dois seguranças armados, que era obrigatório pela direção do Parque Nacional dos Vulcões, todos especialistas nesse tipo de aproximação. Dois guias já haviam partido de madrugada para encontrar o bando e passar pelo rádio a localização. Seguíamos com orientação do GPS, mas na hora de entrar na área onde estavam os gorilas, já ouvindo o barulho que eles faziam, só os dois guias mais experientes, Henrique e eu participávamos da aproximação. Os outros ficaram a distância. As últimas orientações dos guias foram:

— Não olhem nos olhos do silverback, o macho dominante. Não façam nenhum barulho. Se ele vier na direção de vocês, curvem-se e fiquem parados. Não falem nada. Não andem na direção dele. No ano passado, um repórter da televisão inglesa chegou perto demais e o animal lhe deu uma braçada que quebrou várias costelas. Eles são muito fortes. Nós vamos na frente, nos curvando, imitando um macho submisso, deitando no chão, para ele ver que não somos inimigos. E vocês dois nos seguem bem de perto, sempre agachados.

Foi difícil separar a tensão da emoção por estar ali, tão perto daqueles animais, únicos no planeta. Os gorilas só existem naquela cadeia de montanhas que se estende por três países: Ruanda, Uganda e Congo. Estávamos no topo da cordilheira Virunga, dos grandes vulcões cobertos pela floresta densa. De repente, um filhote veio correndo da mata e quase nos atropelou. Percebi que ele estava brincando com outros pequenos. Mas a mãe dele, que apareceu em seguida, não estava de brincadeira. Tinha cara de má. Pensei: será que ela está achando que estamos importunando sua cria? Parecia exatamente isso! Ela pegou o "moleque" e saiu com ele debaixo do braço.

Um pouco adiante, surgiu o dono do pedaço. Esbravejando, batendo no peito, grunhindo alto, como se quisesse mostrar quem mandava ali. O guia não deixou Henrique apontar a câmera para o líder do bando. Aquele animal, quando era mais jovem, certamente viu outros gorilas do bando serem mortos pelos caçadores. A câmera podia ser confundida com uma arma. Então esperamos que ele ficasse calmo. Em seguida, o gorila de costas prateadas, o silverback, voltou a comer urtigas, bem perto da gente.

Henrique fez um belo trabalho e mostrou em detalhes as atividades do grupo. O grandalhão chegou a andar na minha direção, ficou a menos de dois metros de distância, mas sem nenhuma ação de agressividade. Senti que era hora de falar, para desespero dos guias, que me puxavam pela camisa. Gravei a passagem; afinal, um repórter de vídeo tem mesmo é que falar onde estiver. Tudo isso para fechar a primeira das quatro matérias que Luizinho havia pedido.

No dia seguinte, na sede do parque, recebi um certificado. Pela tradição, quem vê os gorilas de perto recebe um diploma. No espaço destinado ao nome, escreveram: "SILVERBACK CHICO JOSÉ". Perguntei ao chefe dos guias, que havia se tornado meu amigo, por que meu nome ligado ao gorila? Ele disse que eu havia me comportado como um silverback. Gritei, dei ordens, falei alto na frente do macho dominante, andei sem me curvar na frente dele, apesar das recomendações para não olhar nos olhos. Concluiu dizendo que não conseguiu me controlar, que em alguns momentos não sabia quem era o animal, se eu ou o gorila. Considerei a "ofensa" como um elogio, porque sou assim mesmo! Na hora decisiva de uma matéria, viro bicho, sem medo de errar. Guardo o certificado com muito carinho, para reviver aquele momento inesquecível.

A segunda matéria seria em Uganda. Atravessamos a fronteira por uma estrada de terra. A divisa entre Ruanda e Uganda era uma cancela de madeira. Do outro lado, tiramos o visto no posto de fiscalização aduaneira, que tinha apenas um agente, mais interessado em receber os cinquenta dólares por carimbo em nossos passaportes. O equipamento da TV estava no carro, que deixamos longe do posto para evitar especulações. Em dois países nossa câmera ficou retida até que pagássemos pela liberação, mesmo com autorização do governo para filmar.

Nosso objetivo era chegar até o King Kong, o maior primata do planeta. Um bicho que mais parecia uma lenda. Muita gente falava na sua existência, mas pouquíssimos seres humanos tiveram o privilégio de vê-lo. A produtora Ana Flor montou uma nova expedição, agora com guias ugandenses, partindo do Parque Nacional Gorila de Mgahinga. O processo era o mesmo de Ruanda. Dois guias partiram na frente, na noite anterior. Nós seguimos às quatro da madrugada. Chegamos ao topo da montanha às nove horas, e nada dos gorilas. Nem sinal dos guias avançados. De repente, ouvimos uma voz no rádio, em dialeto africano. Era o sinal que esperávamos. O nosso guia traduziu:

— Eles passaram duas notícias, uma boa e outra não muito boa. Eles encontraram o bando do gorila que você está procurando, o King Kong, mas ele está na outra montanha.

Tivemos que descer escorregando pelo meio da floresta, onde não há trilhas, porque os macacos se deslocam pelas árvores, pulando de galho em galho. Descem apenas para se alimentar. O corpo estava dolorido, os braços queimados pelas urtigas, as pernas não correspondiam ao meu entusiasmo, mas o coração batia forte. Íamos conseguir chegar perto do animal mais raro do continente. Uma lenda que se tornava realidade.

Já estávamos na outra montanha quando, subitamente, os guias que estavam na frente voltaram correndo, falando apavorados no dialeto deles. Pensei que fosse um leopardo, mas era uma cobra, que eles consideravam muito venenosa. O líder dos guias explicou que, se ela picasse alguém ali, não daria tempo de sair da floresta. A vítima morreria antes de chegar ao hospital onde havia o antídoto, o soro antiofídico. Estávamos a seis horas de distância do povoado de Buhoma, de onde havíamos partido. O guia disse que teríamos que dar uma volta maior, para evitar a serpente, que estava num galho a dois metros de altura, pronta para o bote. Perguntei se a cobra era da espécie que lançava veneno nos olhos, que é muito perigosa, mas não era.

Chamei Henrique, e fomos só nós dois até a árvore da serpente, sob protesto dos guias, que tentaram até nos segurar. Aprendi com os biólogos do Instituto Butantã, em São Paulo, que cobra não voa. Ela normalmente avança uma distância de cerca de 30% do próprio corpo durante o bote, para alcançar sua presa. O cinegrafista garantiu as imagens, depois, com o bastão que eu usava como apoio na escalada, lancei a serpente para longe, ladeira abaixo. Para quem já estava muito cansado, foi melhor que dar uma volta ainda maior. A partir daí, os ugandenses pararam de rir quando escorregávamos e caíamos. Passamos a rir deles. Um bando de homens fortes, verdadeiros ninjas da selva, com medo de uma cobrinha de um metro e meio.

Na aproximação do bando, o procedimento foi o mesmo da expedição anterior, em Ruanda. Havia quase trinta gorilas, entre jovens e adultos. Por fim, chegamos diante do lendário King Kong. Ele estava sentado, comendo. Mesmo nessa posição, era maior do que eu, que tenho um metro e oitenta. O King Kong tem dois metros e meio de altura e pesa 250 quilos. Sua idade aproximada é de 36 anos. A expectativa de vida da espécie é de 45 anos. Seu pelo já estava quase todo branco. Um silverback adulto tem apenas as costas prateadas, mas o King Kong é diferente de todos os outros, embora em nada se compare ao personagem de Hollywood, o gorila mecânico do filme, de cinematográficos quinze metros de altura. Para os biólogos e guias mais antigos que estudam o comportamento dos gorilas das montanhas, o nome original dele é Rwansigazi, que significa bebê grande. King Kong já nasceu diferenciado. Pelo GPS do guia, foram dezessete quilômetros de caminhada, subindo e descendo montanhas, até chegar de volta ao povoado, à noite. A segunda matéria estava concluída, com suor e louvor.

## Os chimpanzés

Dois dias depois, partimos para a terceira matéria. Entramos na Impenetrável Floresta de Bwindi, que tem esse nome porque é uma mata muito fechada, sem trilhas, sem visitantes. Dessa vez fomos atrás dos chimpanzés. Ainda estava escuro quando avançamos pela floresta. Flagramos o bando acordando, à primeira luz do dia. Eles fazem ninhos com galhos secos, nas árvores mais altas. Diariamente, mudam o local onde dormem e constroem novos ninhos. Nunca pernoitam no mesmo lugar, segundo o guia, temendo ser localizados por bandos rivais ou pela ameaça de que serpentes venenosas usem os ninhos como abrigo.

O silêncio da selva é quebrado por gritos espantosos. Quando o primeiro acorda, começa a sinfonia de guinchados fortíssimos. Até que o macho dominante também acorda e a gente percebe claramente que aquele é o líder. A sua vocalização é mais forte, ele desce da árvore quebrando galhos, jogando-os em nossa direção. Um macho exibicionista, que precisa de todo aquele ritual agressivo para mostrar quem domina aquele pedaço da floresta. Logo começa a caminhar em busca de alimento, seguido por várias fêmeas e pelo resto do bando. Nós também seguimos os chimpanzés. Alguns estavam feridos, talvez pelas brigas entre eles ou pelos enfrentamentos com animais de outro grupo. São considerados vegetarianos. Foi uma surpresa para nós constatar que também são carnívoros. Atacam bandos de macacos menores, semelhantes aos pregos da nossa fauna. Cercam os bichos pelo alto das árvores até alcançar a presa e devorá-la. Antropofagia pura...

Depois de cerca de quatro horas de caminhada pela selva, se alimentando de folhas e frutos silvestres, os chimpanzés pararam. Daí a pouco, todos deitaram e dormiram no chão, como se fosse a hora da sesta coletiva. Já que não havíamos feito nenhuma refeição naquele dia, aproveitamos para comer sanduíches que levávamos nas mochilas. Depois, deitei sobre uma árvore caída e tentei cochilar, em vão. Outra espécie existente na selva nos atacou: os mosquitos. Fiquei pensando nas consequências do vírus ebola, que matou milhares de pessoas na África.

A contaminação poderia ocorrer justamente através dos macacos. Já peguei malária três vezes na Amazônia, mas não queria ser vítima do ebola, doença gravíssima e sem cura. Meus pensamentos foram interrompidos por um grito muito forte ao meu lado. Era um dos machos do bando. Estava me estranhando, mostrando os dentes grandes e sujos. Mesmo tendo uma faca afiada na mão, pois estava comendo uma maçã, não passou pela minha cabeça ferir um macaco. Logo em seguida, quase todos gritaram e, tão de repente como haviam parado para descansar, os animais se levantaram e seguiram pela mata. Acompanhamos o grupo até anoitecer, quando os bichos subiram nas árvores, prepararam novos ninhos e a floresta voltou a ficar em silêncio.

Na quarta e última matéria da série, fomos gravar no lago Victória, onde nasce o rio Nilo. Antes de seguir para o continente africano, tivemos que tomar oito vacinas, por exigência dos biólogos do laboratório da ilha Negomba. É uma reserva de recuperação dos chimpanzés. Quarenta e três animais estavam confinados ali, sendo tratados de ferimentos e traumas, na maioria das vezes provocados por maus-tratos. As autoridades locais ainda criaram caso na nossa entrada para pegar o barco e ir até a ilha, porque não tínhamos tomado a vacina Sabin, contra poliomielite. Por sorte, no formulário do Ministério da Saúde constava que essa doença estava erradicada no Brasil.

Se vocês estão pensando que toda essa exigência por vacinas era uma preocupação com a nossa saúde, estão enganados. Tudo aquilo era simplesmente para que não transmitíssemos nossas doenças para os macacos. Mostramos todo o trabalho de recuperação dos primatas no laboratório de Negomba e concluímos nossa missão, com um bom aproveitamento no *Fantástico*. A decepção foi na volta, quando chegamos a um restaurante em Kampala, capital de Uganda. Nenhum de nós esperava encontrar carne de chimpanzé no cardápio. Em 2008, quando gravamos a série para o *Fantástico*, descobrimos que o paraíso dos primatas não era tão protegido assim. Cerca de 5 mil chimpanzés eram mortos por ano na África.

## Mergulho com grandes tubarões

Iniciamos mais uma série de quatro reportagens para o *Fantástico*. Dessa vez, a aventura seria no mar. Partimos em busca dos grandes tubarões nas Bahamas. A produtora do *Globo Natureza*, Hellen Santos, fez um belo roteiro de viagem. Chegamos à ilha de Nassau, que tem uma das mais completas operadoras de mergulho do mundo: a Stuart Cove's. Não é à toa que Nassau é considerada a Hollywood dos mares. A maioria dos grandes filmes, como *Tubarão* e a série com o agente 007, é gravada em torno dessa ilha, com sua água cristalina que permite visibilidade de quarenta metros e uma fauna marinha diferenciada.

Gravamos no navio onde James Bond ficou abrigado ao fugir dos tubarões. Mostramos, submerso há quase trinta anos, o avião que o monstro mecânico afundou com suas poderosas mandíbulas em *Tubarão IV, a vingança*. A série, carregada de muito suspense e sangue, só aumentou o pavor que as pessoas sentem dos tubarões. Um terror que precisa ser desmistificado.

Vivo na praia onde os tubarões atacam e matam. É uma das mais belas praias urbanas do país: Boa Viagem. Os ataques são provocados pela ação do homem. Mais exatamente pela construção de um porto, que alterou a vazão dos rios que levavam peixes para o mar e permitiam a entrada dos tubarões para procriação nos manguezais. E também pela pesca ilegal, que acaba com os peixes, alimento básico dos tubarões. Outro fator que contribui para os ataques é a água turva, provocada pelo movimento das marés no fundo de areia, bem diferente do que ocorre nas Bahamas, que tem o leito de areia branca, pedras e cascalho.

Na orla da região metropolitana do Recife, até o início de 2016, já haviam ocorrido mais de sessenta ataques, com 24 mortes confirmadas. Lá, os tubarões são vistos como vilões, graças à dor e ao sofrimento que causaram às famílias de suas vítimas. Segundo os pesquisadores, os tubarões que atacam na orla do Grande Recife são das espécies tigre e cabeça-chata. Fomos atrás deles na água cristalina das Bahamas, onde é possível gravar boas imagens subaquáticas.

Assinamos mais um termo de responsabilidade pelas nossas vidas e partimos em direção ao alto-mar. Seguimos por 34 quilômetros, o tempo todo vendo o fundo do oceano, a uma profundidade média de vinte metros, em total transparência. Depois de três horas navegando em alta velocidade, de repente, o mar escurece, mas a água continua claríssima. Isso era sinal de que havíamos chegado a Tiger Beach, nosso local de mergulho, à beira do abismo das Bahamas, que atinge um quilômetro de profundidade.

Ancoramos na água rasa, a menos de vinte metros, perto do abismo. A tripulação jogou mais de cem quilos de peixes no mar, como isca para atrair os tubarões. Aos poucos, foram chegando os bichos de quatro espécies diferentes, com as barbatanas se destacando na superfície. Era a comitiva de recepção.

O cinegrafista Marconi Mattos, em cima do barco, gravava aquelas imagens na maior euforia. Eu nunca tinha visto tantos tubarões concentrados no mesmo lugar. Meia hora depois, avistamos uma sombra escura lá embaixo. Era nosso primeiro tubarão-tigre. Até brinquei, dizendo que parecia uma orca, de tão grande. Estava na hora de pular na água. O mergulhador Beto Barbosa, da Stuart Cove's, pernambucano de nascimento, radicado nas Bahamas e especialista em mergulhos com tubarões, dirigia nossa operação. E fez as últimas recomendações:

— Olho nos tigres! Esqueçam os outros tubarões. Eles costumam vir por trás. Tocam em você. Se sentirem que é carne, que é frágil, dão uma mordida exploratória. Só que uma mordida desse bicho arranca qualquer parte do corpo. Já houve caso, aqui perto, de o mergulhador perder tanto sangue que chegou na terra morto. Usem a câmera para se defender deles. O contato do metal com o focinho, que é frágil, afasta o tubarão. E nada de movimentos bruscos lá embaixo. Vamos pra água...

Pulei com a câmera na mão. Senti as nadadeiras batendo nos tubarões que cercavam o barco. Nosso objetivo, o tigre, estava lá embaixo, dando voltas, rente à areia branca. Usando um cinto com quinze quilos de lastro, consegui descer rápido e ficar parado do fundo. Mal me estabilizei lá embaixo e já vi um grande tubarão vindo em minha direção. Era uma fêmea de uns quatro metros, belíssima! Mas, no primeiro contato, ela nem me deu atenção. Passou ao lado e foi direto para a outra câmera, do meu amigo baiano Enrico Marcovaldi, que convidei para participar da expedição gravando as imagens submarinas.

A tigresa também não deu atenção ao Enrico e voltou para mim, bem de frente, mostrando o tamanho da sua boca. Mas eu não aceitei nenhum "carinho" e a empurrei com a câmera, no focinho, como Beto Barbosa havia orientado, sem ferir aquela fêmea extraordinária. A cena se repetiu por quatro vezes, ao longo dos mergulhos. Numa dessas ocasiões, a afastei com a mão esquerda, enquanto continuava gravando a imagem com a mão direita.

Preocupação mesmo foi quando vi um grande tubarão-tigre se aproximando por trás de Enrico Marcovaldi, que estava ajoelhado filmando outros tubarões que passavam à sua frente. No texto para o *Fantástico*, narrei a minha preocupação. Eu estava longe do meu amigo. Só restava gravar as imagens de um possível ataque. Mas o mergulhador de segurança foi rápido, desceu da superfície e estocou o tubarão com luva de aço quando o animal já estava a menos de um metro das pernas de

Enrico. A cena se repetiu mais uma vez. Foi aí que Beto Barbosa fez sinal para todos, finalizando o primeiro mergulho, que durou mais de uma hora.

No intervalo entre um mergulho e outro, o instrutor voltou a recomendar para ficarmos atentos aos tigres. Não podia haver novos descuidos. Voltamos ao fundo do mar, no mesmo local. Beto ficou sempre ao lado de uma caixa de aço, cheia de peixes, para atrair os tubarões. Sentíamos que todos aqueles bichos estavam ali, farejando os peixes. Em nenhum momento achei que era o alvo deles. Ficou bem claro que eles se alimentam de peixes. Até passei a mão na tigresa algumas vezes, fiz carinho naquela figura encantadora que tem fama de vilã. No Brasil, o Instituto Chico Mendes proíbe tocar nos animais ou lhes oferecer comida. Nas Bahamas isso é liberado, e existe uma lei que proíbe matar os tubarões. Conseguimos mostrar a boca do grande tigre por dentro, no momento em que ele pega o peixe retirado da caixa de aço e lançado por Beto. Quase que a câmera vai junto, numa cena impressionante.

Entre os mais de 2 mil mergulhos nos sete mares, Tiger Beach foi o mais marcante que fiz na vida. Inesquecível! Saí com saudade da tigresa. Mostramos bem o tubarão-tigre, mas faltava o cabeça-chata, que fomos encontrar na ilha de Bimini, onde fica o Shark Lab, o laboratório de pesquisas do professor Samuel Gruber, uma das maiores autoridades do planeta quando o assunto é tubarão. Ele começou nos mostrando um manguezal inteiramente preservado, onde é possível caminhar com água cristalina até perto do pescoço, passando ao lado de dezenas de filhotes da espécie limão, com até um metro de comprimento. O professor Gruber jogou iscas de peixe para eles se aproximarem ainda mais, durante a nossa entrevista, em que ele destaca a importância dos mangues como berçários dos tubarões.

Navegamos em torno da ilha de Bimini com os pesquisadores do Shark Lab. Eles iam marcar os tubarões-martelo com chips – uma forma de acompanhar a migração dessa espécie por informações de satélite.

Eu já havia mergulhado com tubarões-martelo na ilha do Coco, na Costa Rica e no arquipélago de Galápagos, no oceano Pacífico. Fui atraído por uma fotografia que vi em uma revista norte-americana. Na foto de página dupla, apareciam 32 martelos juntos. Fui até Coco com o mergulhador de Fernando de Noronha, Clayton Fonseca, para gravar as imagens. O início do primeiro mergulho foi frustrante. Fomos para o fundo e, durante uns vinte minutos, vimos muitos peixes e alguns tubarões-galha-branca-de-recife. Mas onde estavam os martelos? Será que havíamos perdido a viagem?

Casualmente olhei para cima, e o cardume de tubarões-martelo estava passando a uns dez metros da superfície. Gravamos imagens incríveis. As fêmeas feridas confirmavam que elas estavam no período de reprodução, quando são mordidas pelos machos no ato do acasalamento, uma prova do amor selvagem entre os tubarões. Moramos por uma semana no barco ao lado da ilha desabitada, mergulhando três vezes por dia. Encontramos um imenso cardume de galhas-brancas, sobre o qual no *Globo Repórter* só me restou dizer:

— Cem, duzentos, trezentos... Não dá pra contar!

Em Bimini, os pesquisadores desciam doze metros em apneia e enterravam peixes na areia para atrair os tubarões-martelo, com a certeza de que os cabeças-chatas também sentiriam o cheiro. Pulamos na água com equipamento autônomo e fomos para o fundo. Gravamos imagens que mostram os mergulhadores do Shark Lab descendo sem cilindros de ar, prendendo o fôlego para evitar o barulho da respiração e atirando seus arpões com chips nos tubarões-martelos. Essas imagens podem ser vistas na internet no site Globo Play — um trabalho científico que visa ao conhecimento e à preservação da espécie.

Logo em seguida, chegaram os cabeças-chatas, farejando o chão, procurando as iscas de peixe enterradas na areia. Nem tomavam conhecimento da gente. Era como se não existíssemos. E estavam com fome. Quando encontravam o peixe, brigavam entre eles. Nossas câmeras gravaram todos esses momentos. Estávamos ali, diante de cinco tubarões da espécie que se tornou o terror da praia de Boa Viagem. A cada cem metros do calçadão, inclusive na frente do prédio onde moro, há placas alertando para o perigo de ataques daqueles bichos. Há dois anos, Beatriz Castro fez uma matéria sobre a morte de uma turista do interior de São Paulo. Ela foi arrastada pela onda, depois de ter sido advertida pelo salva-vidas de que a maré estava subindo. Levada pela correnteza para uma área onde não há a proteção dos arrecifes e se debatendo na água, ela atraiu o tubarão.

A câmera de segurança no poste da avenida gravou o momento exato em que o cabeça-chata atacou. O socorro chegou de imediato numa moto aquática. O salva-vidas pulou na água, na frente do tubarão, e jogou a vítima para a moto. Mesmo com a ação daquele herói do Corpo de Bombeiros, a moça teve a perna arrancada, perdeu muito sangue e morreu antes de chegar ao hospital. Só não ocorrem mais ataques porque ninguém entra na área de risco, além da barreira de arrecifes. Os surfistas se mudaram para Maracaípe, praia do litoral sul, depois de Porto de Galinhas, a sessenta quilômetros de distância da área de risco onde vivem os tubarões.

Na entrevista longa que fiz com o professor Samuel Gruber para a Globo News, ele contesta a condição de vilão dos tubarões, que considera vítimas do homem. Cerca de 100 milhões de tubarões são mortos por ano. Muitos deles, pelos chineses, que arrastam os animais até o barco, arrancam as barbatanas para fazer sopa e os deixam morrer no mar. Por outro lado, ocorrem em média cerca de 150 ataques de tubarões por ano no mundo todo, com quinze vítimas fatais.

Existem outras comparações para afirmar que os tubarões não são nossos maiores predadores. Os raios matam 10 mil pessoas por ano, enquanto 6 mil morrem em acidentes automobilísticos por dirigir enquanto usam o celular. Os hipopótamos matam quase 3 mil pessoas por ano na África. E os cervos, aqueles dos chifres grandes, atingem cerca de 130 pessoas anualmente nos Estados Unidos e no Canadá. Resumindo: formigas e abelhas matam mais que o tubarão.

Os ataques de tubarões são mais atrativos nas manchetes dos jornais e nos nossos noticiários de televisão. Eu já fiz várias matérias sobre o assunto. Numa delas, estava no carro e fui chamado pelo rádio da chefia de reportagem para ir correndo à praia de Piedade, município de Jaboatão dos Guararapes, ao lado do Recife, onde um tubarão havia atacado mais um surfista. Quando cheguei lá, o rapaz estava morto e o corpo estendido sobre uma jangada na areia da praia, com a família desesperada ao lado. Era o filho de um grande amigo, Cléo Falcão, que chorava de dor. Eu também chorei. Foi um dos piores momentos da minha vida profissional. Mesmo assim, tive que fazer a reportagem, que foi destaque no *Jornal Nacional*. Um caso típico da notícia transmitida com lágrimas.

Um dos acidentes mais recentes em Pernambuco aconteceu no final de 2015, em Fernando de Noronha. Nem acreditei quando me contaram. Minha querida amiga e jornalista Ana Clara Marinho ligou da ilha dizendo que um tubarão-tigre tinha arrancado o braço de um turista paranaense na baía do Sueste, a praia das tartarugas. Questionei que os tubarões de Noronha nunca atacaram ninguém. Até pensei no início que o turista havia mexido com o bicho e ele o mordeu. Isso acontece muito naquela praia. Já vi nas redes sociais imagens gravadas por celular de um imbecil pegando um filhote de tubarão-limão e dando risadas. Mas depois que vi a definição do amigo Leonardo Veras, especialista em tubarões, criador do museu da ilha sobre esses animais, passei a acreditar que o tigre havia atacado o turista sem receber qualquer provocação.

A sensatez do turista, esclarecendo como aconteceu o acidente, me comoveu. Mesmo sem a mão direita — ele é destro —, o rapaz falou com a maior naturalidade, explicando que viu de repente o tubarão diante de si e, quando tentou se defender, o bicho mordeu seu braço. E onde um tubarão-tigre pega, ele arranca, tamanha a força que tem nas mandíbulas. Era um tigre pequeno, de um metro e meio. Imaginem a tigresa de quatro metros de Tiger Beach! Ainda bem que curtimos um romance passageiro durante as mais de duas horas que duraram nossos mergulhos e em nenhum momento ela me olhou de cara feia. Apenas mostrou os dentes, bem de perto.

## Sucuri, a anaconda brasileira

Em 1992, fui gravar o primeiro *Globo Repórter* no município de Bonito, Mato Grosso do Sul, que se tornou um dos polos de turismo mais atraentes do país. Num domingo pela manhã, estávamos nos preparando para um mergulho nas águas transparentes do rio Sucuri. Ainda não havia passeio de flutuação no rio, como existe hoje, com todo mundo descendo de colete e curtindo a beleza daquele aquário natural. Só a nascente ficava livre. Todo o restante do rio era coberto pela vegetação aquática. E nós íamos passar por baixo da garrancheira, seguindo todo o curso d'água até o encontro com o rio Formoso. Quando estávamos nos equipando, uma moradora da cidade se aproximou e disse:

— Vocês vão mergulhar aí? Tão doidos, é? Aí tem sucuri!

Respondi que estávamos ali exatamente para encontrar a sucuri. E partimos ao encontro da anaconda brasileira, a maior das serpentes. Primeiro, vimos o rabo. Depois ela apareceu inteirinha. Fez até careta: mostrou a língua bem na frente da lente da câmera. E voltou a sumir por baixo da vegetação.

Dois profissionais que admiro muito, Haroldo Pallo Jr. e Juca Igarapé, já estiveram comigo filmando a sucuri dentro e fora d'água. Juca sabe até onde elas se escondem nos rios da região. E Haroldo conseguiu fazer imagens do acasalamento das sucuris. O acervo de imagens da fauna pantaneira que ele guarda na sua produtora em São Carlos é de fazer inveja. Nem mesmo as emissoras de televisão têm tantas imagens. No Pantanal, é muito comum encontrar as sucuris. Mas elas não são tão grandes quanto as da Floresta Amazônica.

Já consegui encostar a lente da câmera no corpo de uma dessas cobras, num braço do rio da Prata. Alcançamos o recorde de audiência do *Globo Repórter* com um programa gravado no Pantanal, dirigido pela querida Meg Cunha, com imagens de Lúcio Rodrigues. Alcançamos uma média de 45 pontos de audiência, pelo Ibope.

Paulo Zero estava voltando a morar no Brasil, recém-casado com Sônia Bridi, depois de 22 anos como repórter cinematográfico em Nova York, onde trabalhou com os melhores correspondentes em grandes coberturas internacionais. Ele ainda não conhecia a Amazônia. Eu estava partindo para mais um *Globo Repórter* na selva e o convidei para fazer parte da equipe. Paulo tem cursos de especialização em mergulho e ficou encantado com a ideia de gravar imagens subaquáticas num rio no meio da floresta.

Chegamos ao rio Cururu, com suas águas transparentes, localizado bem na divisa da serra do Cachimbo, em Mato Grosso. Descemos pela correnteza a uns três metros de profundidade. Os bichos iam surgindo naturalmente. Um jacaré estava deitado no fundo do rio, embaixo de uma árvore caída. Paulo Zero mandou que eu espantasse o jacaré por trás, para que ele corresse na frente da câmera. A imagem ficou maravilhosa. Logo em seguida, avistamos um cardume de piranhas. E Paulo nem se alterou. Filmou o balé dos peixes, que iam de um lado para o outro.

Nossas duas canoas nos seguiam, sendo impulsionadas a remo, bem devagar, sem fazer barulho. No meio da travessia, ouvi os companheiros dos barcos gritando: "Chico, Chico...".

Voltei à superfície e eles mostraram a sucuri na margem do rio, entrando na água. Mergulhei rápido, fiz sinal para Paulo e ele me seguiu. Filmou a anaconda embaixo d'água com absoluta perfeição. Quando terminamos o mergulho, após uma hora e meia de duração, minha primeira reação, ainda dentro da água, foi comemorar, como faço sempre após cada missão.

— Ficou muito bom, parabéns! Você filmou muito bem as piranhas!

— Piranhas???!!! Aquele cardume era de piranhas?

Era normal que um lorde, filho de diplomata, que saiu ainda criança do Brasil e nunca havia penetrado na grande floresta não soubesse identificar os peixes da Amazônia. Mas, apesar da reação de surpresa, Paulo Zero não teme essas jornadas de risco. Nós já mergulhamos à noite, na barreira de corais da Austrália, onde há muitos tubarões, a dez horas de distância da terra. Só ele e eu, seguidos por um australiano num barco inflável, que se guiava pelas luzes das nossas lanternas lá embaixo.

Na mesma viagem pela selva amazônica, encontramos uma grande sucuri na mata, e ele ficou por mais de meia hora fazendo imagens da serpente. Os caboclos nativos da beira dos rios falam em sucuri de vinte metros que engole gente. Mas no Instituto Butantã só há registro de sucuris até doze metros. Um bicho desse tamanho já é realmente assustador.

Bonito é o lugar ideal para ver sucuris, pois a água dos rios é transparente. E tudo no município faz jus ao nome. É bonito demais! No primeiro *Globo Repórter* que gravamos lá, em busca da sucuri, não havia nenhuma rua calçada, apenas um hotel, o Bonanza, no centro da cidade. As operadoras de turismo e de mergulho não haviam chegado. A reportagem mostrou a lagoa Azul, onde mergulhamos até 82 metros.

Lá, encontramos ossos de animais pré-históricos, além do camarão albino. As imagens foram levadas para análise do professor Castor Cartelle, da PUC Minas. Ele ficou com os olhos cheios de lágrimas enquanto identificava os fósseis. Nas imagens, eu levava as peças até a câmera do cinegrafista Wandick Acácio e devolvia para o mesmo lugar de onde havia tirado. O professor estava emocionado quando fez uma revelação:

— Esse osso que ele está mostrando é o fêmur da preguiça-gigante, um animal que viveu há mais de 10 mil anos. Essa outra peça é o dente do tigre-dentes-de-sabre. É uma grande descoberta paleontológica...

A matéria foi exibida numa sexta-feira, e, já na segunda, o Iphan e o Ibama fecharam a lagoa Azul, que continua interditada até hoje para preservar a área. Os turistas entram na caverna, mas não podem nem tocar na água. Dois anos depois, em 1994, fui gravar o segundo *Globo*

*Repórter* em Bonito, e a cidade tinha se transformado pela força da atividade turística. Já havia 21 hotéis, catorze operadoras de turismo, e, para minha surpresa, as ruas estavam calçadas. Uma prova de que toda aquela beleza mostrada na televisão passou a ser explorada com muita competência para atrair os brasileiros que valorizam a natureza preservada.

Voltei mais duas vezes àquela região de Mato Grosso do Sul para gravar o *Globo Repórter*. Numa delas, descemos o rio Salobra em caiaques. Passamos o dia todo remando pelo meio do cânion, revelando um novo paraíso, ainda inexplorado. Foi nessa viagem que o barranco na beira do rio cedeu e o cinegrafista Zé Henrique caiu e afundou na água com a câmera. A produtora Aninha Dornelles providenciou a substituição da câmera em tempo recorde, e nós continuamos as gravações.

Houve outro incidente. Fizemos um voo de balão, na tentativa de gravar do alto a beleza do cânion do rio Salobra. Mas o vento nos levou no sentido contrário, para cima da serra da Bodoquena, onde a vegetação é muito densa. O balonista decidiu fazer um pouso de emergência na mata, antes que o balão avançasse mais sobre a floresta, o que tornaria o resgate inviável. E desceu, batendo nas árvores, o cesto onde estávamos quase virando, até que ficou enganchado nos galhos. Eu tive que pular e amarrar o balão. Perdemos um dia de trabalho para sair do local.

A primeira matéria que fizemos sobre a anaconda brasileira foi em Poconé, Mato Grosso. Fomos à procura de seu Estelito Rodrigues, por indicação do premiadíssimo repórter José Hamilton Ribeiro, do *Globo Rural*. Quando era jovem, seu Estelito caçava onças com zagaia, uma lança que espeta e mata o animal no momento em que ele pula sobre o caçador. Com a proibição da matança de animais, seu Estelito passou a levar grupos de turistas japoneses para dentro do Pantanal, para conhecer a sucuri. Nesse dia, nós acompanhamos aquele velho pantaneiro destemido. Já caminhávamos por quase uma hora, com água até os joelhos, quando de repente nosso guia pulou para o lado, assustado. Perguntei:

— O que foi, seu Estelito? É uma cobra?

— Não, era um sapo!

— Um sapo? O senhor não tem medo de onça, nem de sucuri, mas tem medo de sapo?

— De sapo eu tenho medo!

Parece até a história do nosso eficiente comandante do Globocop, Wagner Monteiro, que tem medo de altura. Enquanto ele está dentro do helicóptero é uma garantia, mas, numa ocasião em que nos encontrávamos no alto de um penhasco, gravando reportagem nas serras do sul do Piauí, ele deu meia-volta porque tínhamos que passar na beira de um precipício. Até hoje pego no pé dele, o piloto que tem medo de altura.

Mas, voltando ao Pantanal, seu Estelito localizou a anaconda, que estava enrolada no tronco de uma árvore, com metade do corpo submerso e a outra metade aparecendo na superfície. Enquanto o cinegrafista Fernando Travessoni gravava as imagens, ele ficou dando voltas ao lado da serpente:

— Ela está dormindo! Tenho que encontrar o rabo, pra tirar o bicho dessa posição.

Ele conseguiu pegar a cobra com as duas mãos e ficou dando voltas até desenrolar o animal. No auge da ação, gritou com aquele sotaque pantaneiro bem carregado:

— Segura aqui, Chico, no rabo dela, que eu tenho que pegar a cabeça lá na frente.

Não pude evitar de aparecer no *Fantástico*, naquela cena ridícula, segurando o rabo de uma sucuri de cinco metros, enquanto seu Estelito se jogava na água e lutava para prender a serpente pelo pescoço. O velho caçador de Poconé, Estelito Rodrigues, morreu em 2012 e foi homenageado por Zé Hamilton Ribeiro, que reprisou uma matéria em que seguia o rastro de uma onça, ao lado daquele que o repórter do século considerou o maior personagem pantaneiro do *Globo Rural*.

## Infanticídio indígena

O que leva uma mãe a sacrificar o filho logo após o primeiro choro, no meio da selva? Isso ainda acontece no Brasil. É uma tradição seguida por algumas etnias. Um costume indígena muito anterior à colonização. Acontece, comprovadamente, nas aldeias Suruwaha, Ianomâmi e Kamaiurá. Caracaraí, em Roraima, tornou-se o município com maior índice de violência infantil do país, pela quantidade de crianças recém-nascidas mortas entre os índios — vítimas de infanticídio indígena, de acordo com o mapa da violência do Ministério da Justiça, em 2014.

O tema é polêmico, e a matéria, de dificílima execução, o que motivou várias reuniões com Luiz Petry, Gustavo Vieira, Cadu, Mônica Marques e Bruno Latta, na redação do *Fantástico*, para decidir como faríamos a denúncia sem ferir a cultura e os costumes dos habitantes da selva, que são protegidos pela própria Constituição Brasileira. Nossa equipe se cercou de cuidados, recorrendo a orientações de antropólogos e indigenistas. Também consultamos juristas, antes de partir para o extremo norte do país.

Ouvimos o então secretário de Segurança Pública de Roraima, Amadeu Soares, que confirmou a estimativa: foram registrados 37 casos de infanticídio em 2012, só entre os ianomâmis, publicados no Mapa da

Violência em 2014. Esses são apenas os números confirmados, porque não há registro do que ocorre na maioria das trezentas aldeias espalhadas numa área maior que Portugal, com 9,6 milhões de hectares de floresta nativa intransponível, onde vivem 25 mil ianomâmis. Na maioria dessas aldeias ninguém consegue chegar.

O infanticídio indígena é um ato sem testemunhas. A mulher grávida, quando sente que a criança está para nascer, vai sozinha para dentro da mata. O bebê é examinado por ela ali mesmo. Se apresentar alguma deficiência física acentuada, é rejeitado. Na maioria das vezes é enterrado pela própria mãe, que volta para a aldeia sem a criança. Todos entendem e aceitam o que acontece. Para eles, a criança que nasce com deficiência física tem poucas chances de sobreviver na floresta. As mulheres só amamentam os filhos depois de confirmar que não há nenhuma deficiência. O peito da mãe é o registro de nascimento. Depois que o recém-nascido é amamentado, ele passa a ser aceito pela mãe e pela comunidade. Está salvo!

Numa das aldeias que visitei havia um menino na rede, praticamente excluído pela tribo, sendo cuidado pelos enfermeiros, porque nasceu com problemas neurológicos. Quando isso acontece, a mãe não percebe no primeiro momento de vida, então amamenta e aceita o filho. Depois vem a rejeição, até pela dificuldade de levar a criança nos deslocamentos dos pais para cumprir as tarefas diárias. Esses casos necessitam de atendimento médico constante, o que não ocorre nas áreas indígenas. No passado, quando nasciam gêmeos, o segundo a nascer era sacrificado, pois a crença deles é de que não podem existir dois espíritos iguais. Em algumas culturas, são sacrificados os filhos de mães solteiras ou quando os pais não têm condições de criar o bebê.

O principal personagem da matéria foi Pituko Waiapi, de uma tribo no Amapá. Ele nasceu tetraplégico e estava condenado ao sacrifício, mas uma enfermeira da Funai ficou sensibilizada e praticamente fugiu com o menino da aldeia. Sete anos depois, Pituko foi mandado de volta para a tribo, mas a rejeição persistiu. Ele era muito pesado para ser carregado nas costas. Não tinha mobilidade. Dependia sempre de outra pessoa que o conduzisse nos braços. Houve reação entre os índios, e o pai resolveu que iria sacrificar o filho, jogando-o do alto da cachoeira em plena selva. A mãe, comovida, tentou impedir a execução. Até que a irmã de Pituko pediu ajuda aos enfermeiros da Funai e foi embora da aldeia com o irmão, sabendo que ele passaria a ser seu dependente.

A irmã de Pituko formou-se em fisioterapia, tornou-se a tenente Sílvia do Exército brasileiro e adaptou o seu apartamento no Rio de Janeiro para a acessibilidade da cadeira de rodas do irmão, que se revelou um artista nato. Aprendeu a pintar e escrever com a boca. Prendia o pincel com os lábios e movimentava a cabeça para traçar o desenho e colorir as telas.

Na reportagem, mostramos Pituko visitando a aldeia com a irmã, 21 anos depois de haver saído de lá. Levaram a cadeira de rodas, os pincéis, as tintas e as telas. Impressionou a todos sendo levado de um lado para o outro pelo pátio da aldeia. O artista também chamou a atenção dos índios pela sua arte. Entre os mais entusiasmados estava o pai de Pituko, que foi perdoado pelo filho e se arrependeu do que tentou fazer no passado. Sílvia Waiapi não vê o infanticídio indígena como um ato cruel. Em vez disso, o considera um ato extremo de amor, de desespero.

— Como vão carregar uma pessoa deficiente sem cadeira de rodas em plena selva? A mãe quer o filho vivo, mas como? E como vai tratar dele, se até nos hospitais há deficiência no atendimento?

O artigo 5º da nossa Constituição defende o direito à vida. Mas, nas exceções, assegura aos índios o direito ao infanticídio. Os antropólogos defendem a não interferência na cultura indígena. A matéria com expressivas imagens de Sisley Monteiro, com edição de Bruno Latta e Mario Altino e ilustrada com artes, foi ao ar em dezembro de 2014 e teve muita repercussão e audiência. Está disponível na internet para quem quiser acessar. É só procurar no Google por "Infanticídio Indígena no *Fantástico*". Pituko morreu um mês após a reportagem ir ao ar, aos 37 anos. Seu corpo foi levado para ser enterrado na aldeia.

Recebemos de Sílvia Waiapi uma carta comovente, que ela me autorizou a transcrever aqui:

> Era um sonho do meu irmão falar a respeito da sua luta e de como sobreviveu ao infanticídio. Deu tempo! Ao chegar à aldeia com o corpo dele nos emocionou ver aquele pai que muito amamos chorar a perda e o respeito que todos tiveram por ele com o advento da sua morte. Agora, graças à matéria e aos tabus que ele quebrou, temos crianças vivas na aldeia, ao lado dos pais. Durante todo o cerimonial do sepultamento, o que mais me deixou feliz, além de realizar o sonho de Pituko de ser enterrado em terra indígena Waiapi, foi ouvir esse povo, que no passado sacrificava suas crianças deficientes, pedir que se construa um memorial ao Pituko Waiapi, para que a história dele seja conhecida pelos Waiapis das novas gerações. Deixo aqui meu agradecimento pelo fruto que a matéria causou.

# Descobrindo Fernando de Noronha

Comecei a descobrir Fernando de Noronha em 1966, ao participar da Copa Nordeste de Caça Submarina. Nunca fui um grande matador de peixes, mas era um jovem de 21 anos muito afoito e com bom fôlego. Nesse tipo de mergulho não é permitido usar o cilindro de ar, e o mergulhador precisa prender a respiração. Eu descia no canal da Rata, que separa as últimas ilhas do arquipélago, a doze metros de profundidade, e ficava pouco mais de dois minutos submerso.

Nessa época não havia o Parque Nacional Marinho, criado para proteger o meio ambiente do arquipélago. Era permitido caçar em mergulhos de apneia e ainda havia uma fauna riquíssima, de incalculáveis espécies. Noronha era território federal, administrado por um governador militar. Para chegar à ilha, era preciso autorização e conseguir uma vaga nos aviões da Aeronáutica. Só havia um alojamento, que dava apoio à base militar, onde hoje é a Pousada Esmeralda.

Viajávamos em aviões búfalos da FAB, daqueles com apenas dois bancos, um diante do outro. A gente ficava olhando a cara de espanto de quem estava na frente, pois havia turbulência durante todo o percurso.

O segundo ano da competição de caça submarina foi marcado pela morte de um dos nossos companheiros. Raul Barradas, de vinte anos, fez muito esforço para levar o peixe arpoado até a superfície, mas não conseguiu completar a tarefa. O mergulho demorou mais do que deveria, provocando ausência de oxigênio no cérebro, seguido de desmaio. Raul "apagou" embaixo d'água e foi retirado do mar já sem vida.

A Aeronáutica proibiu as competições, mas permitiu que continuássemos mergulhando, sempre em duplas, como mandam as regras de segurança. O meu maior parceiro era o tenente Brussolo, exímio mergulhador, hoje major aposentado e dono de pousada. Foi um grande "predador" das barracudas do canal da Rata. Naquela época, havia cardumes de dezenas de barracudas, que os nativos chamam de bicudas, ao redor das ilhas. Hoje, elas raramente são vistas.

Anos depois, consegui autorização para fazer reportagens em Noronha, para o *Jornal do Commercio,* onde estava iniciando minha carreira jornalística. Unia o útil ao agradável. Mostrava as belezas do arquipélago, sua história e, principalmente, seus habitantes. Havia muito que contar. Personagens ainda do tempo em que a ilha era um presídio, com a imensidão do oceano como limite a qualquer tentativa de fuga no lugar de muros ou cercas eletrificadas.

Para lá foram levados criminosos e também presos políticos. Entre eles, Miguel Arraes, ex-governador de Pernambuco, Gregório Bezerra, do PCB (Partido Comunista Brasileiro) e Agildo Barata Ribeiro, pai do comediante Agildo Ribeiro.

Descobri que ainda restava um cangaceiro do bando de Lampião, João Martins, conhecido como Galo Branco, que encontrou no presídio a liberdade de que precisava. Depois de cumprir a pena, não quis mais retornar para o continente. Dizia que não voltava porque os "macacos" (policiais) iam prendê-lo de novo. Mas, na realidade, ele não queria era deixar de viver no paraíso. Eu também gostaria de ficar "preso" naquele lugar encantador. Galo Branco virou nativo, constituiu família e nunca mais deixou a ilha.

No tempo em que a população da ilha era formada por apenas algumas famílias, onde o maior número de filhos do arquipélago era das famílias Flor e Salviano, fiz amizade com dois lendários mergulhadores nativos:

Júlio Grande e Bio Guarda, que tinha esse nome por ter trabalhado no presídio. Dois filhos de Netuno que me ensinaram a não ter medo de tubarão.

— Quando você atira na bicuda, o tubarão vem em cima pra pegar o peixe. Aí você empurra o bicho com o arpão. Não pode deixar ele tomar o peixe, que dá um trabalho danado pra pegar. Por isso eu pesco com um tridente e meto o cabo do tridente na cara deles — dizia Júlio Grande.

O local onde fazíamos as refeições, na Pousada Esmeralda, era decorado com fotografias de Bio Guarda na parede, ao lado de tubarões que ele havia caçado. Era inacreditável! Bio com pouco mais de um metro e sessenta de altura, apenas um arpão na mão e posando ao lado de tubarões com quase três metros. No primeiro contato com Bio, que é meu amigo até hoje, perguntei: como você consegue arpoar esses bichos?

A resposta foi tão surpreendente quanto as fotos:

— É na covardia! Eu mergulho, atiro num serigado, num dentão ou em qualquer outro peixe e subo pra respirar. Deixo a presa arpoada lá embaixo. Quando o tubarão vai pegar a isca, eu desço por cima dele e atiro. O arpão preso no tubarão está ligado por um cabo à boia de isopor amarela, na tona. Subo no barco, ligo o motor e vou atrás da boia. Depois é só rebocar o bicho para o porto e acabar de matar a pauladas...

O jornalista Fernando César Mesquita foi o primeiro governador civil de Fernando de Noronha, no governo Sarney. Ele começou a abrir a ilha para o turismo. No início, aviões pequenos, tipo Bandeirante, faziam a ponte aérea de Natal ou do Recife para Noronha. Ainda era possível passar uma manhã inteira nadando ao lado dos golfinhos na baía onde eles se concentram diariamente.

Podíamos entrar livremente nas praias de Atalaia, Buraco da Raquel e Sueste, que hoje têm muitas restrições de acesso. Poucas pessoas visitavam a ilha. Na época, a média era de duzentos turistas por semana. No último *réveillon* havia mais de 1.500 pessoas só na Pousada Zé Maria.

Com a ampliação da pista de pouso e os voos diários de Boeings lotados de turistas, a visitação fugiu do controle. A diferença era que antigamente os brasileiros não conheciam o seu mais belo arquipélago.

Aprender todas as especializações de mergulho autônomo com os melhores mergulhadores do país foi fundamental para a minha carreira. Fernando de Noronha foi a minha primeira sala de aula. Fiz o meu batismo na caverna da Sapata, com o professor Edson Prando, da pioneira operadora da ilha, a Águas Claras. E não parei mais de mergulhar.

Alguns anos depois, fiz o curso avançado, me especializando nos mergulhos em naufrágios com Randal Fonseca. Fiz também o curso de mergulho em cavernas com Marcus Werneck, na Chapada Diamantina. Quatro dias dentro da caverna. Nos dois primeiros dias, o instrutor ensina todas as técnicas de sobrevivência. Nos outros dois, ele retira a máscara, apaga todas as luzes para o mergulhador encontrar o cabo-guia no escuro e fecha os cilindros de ar. Para ser credenciado é preciso passar por todas essas provas. Mais recentemente, tirei o credenciamento técnico para mergulhar com a mistura de gases, trimix. Meu mestre foi Gabriel Gaba, da Aquáticos.

Parti para os sete mares, mas sempre voltando a Fernando de Noronha, que é o meu berço, praticamente a minha origem. Tenho dois títulos de Cidadão Noronhense. O primeiro foi outorgado no tempo de território federal, pelo governador Fernando César Mesquita. E o segundo, pelo Conselho Comunitário do Distrito Estadual de Pernambuco, que é eleito pelos moradores de Noronha e funciona como uma Câmara de Vereadores. Passei a me sentir nativo.

Duas mulheres tiveram papel fundamental no conhecimento e na divulgação da história do arquipélago e seus personagens: a historiadora Marieta Borges e a jornalista Ana Clara Marinho. Com as informações passadas por elas, gravei mais de cem reportagens em Fernando de Noronha.

Mostrei aos brasileiros o recanto mais encantador do nosso país e a beleza do fundo do mar. Um trabalho atrativo, que motivou muita gente a fazer cursos de mergulho. Levei dezenas de amigos para mergulhar em Noronha. Entre eles, Sônia Bridi, Paulo Zero, Mariana Godoy, Patrícia Poeta, Amauri Soares, Carla Vilhena, nossas saudosíssimas Sandra Moreira e Beatriz Thielmann, Branco Melo, Xitãozinho, Pedro

Bial, Chico Pinheiro, Fernandinho, Márcio Canuto e tantos outros. Além da minha família: esposa, filhas e netos, todos mergulhadores credenciados, que adoram Noronha.

Fizemos quatro edições do *Globo Repórter* no arquipélago. A última delas, em 2003, foi uma das mais desafiadoras. A ilha estava comemorando os quinhentos anos da chegada do navegador Américo Vespúcio, que marcavam a descoberta do arquipélago. Quase todas as paisagens já haviam sido mostradas nos programas anteriores.

Lembram que é preciso surpreender em cada matéria? Pedi à diretora Silvia Sayão para gravar um novo programa lá, na data histórica. Ela não gostou da ideia:

— Mais um *Globo Repórter* em Noronha? Você já fez três programas lá. O último foi no ano passado!

Prometi que faríamos tudo diferente do programa anterior, e ela deixou. Chegamos à ilha com dois grandes cinegrafistas: Paulo Zero e Marconi Mattos. Ao anoitecer, quando o avião deu a volta para aterrissar, percebi que o farol, no alto do morro do Pico, ponto mais elevado de Noronha, estava apagado.

No desembarque, procurei saber dos nativos por que o cartão-postal do arquipélago estava no escuro. Informaram que ninguém subia para substituir a lâmpada queimada porque as escadas de ferro estavam soltas, corroídas pela maresia.

Encontrei o sargento da Aeronáutica, Climério Ferreira, responsável pela manutenção do farol. Ele confirmou que não dava mais para subir, mas aceitou fazer uma tentativa com a nossa equipe. Escalamos com muito cuidado os 360 metros do morro do Pico. Os degraus da escada estavam enferrujados e se rompiam quando pisávamos.

Foi um sufoco, porque os últimos lances da escalada são completamente na vertical, com o abismo ao nosso lado. Uma aventura para trocar a lâmpada, que é da maior importância para a sinalização. A luz do farol guia os navegantes que viajam à noite no mar de Noronha. A embarcação de Américo Vespúcio naufragou ao se aproximar do arquipélago, justamente porque não havia a identificação do lugar nas cartas náuticas e nenhum farol para iluminar o caminho do navegador.

Encontrei a arqueóloga Miriam Cazzetta e pedi que nos acompanhasse para desvendar a fortaleza de São José, formada por muralhas de pedras no topo de uma ilha, totalmente cobertas pelo mato, até então nunca vista pelos visitantes.

Reuni um grupo para um mutirão de limpeza. As paredes foram descobertas, os canhões localizados, e a velha fortaleza construída pelos portugueses em 1761 voltou a aparecer. Do alto das paredes do forte, com vista privilegiada do porto de Santo Antônio, divisamos um iate maravilhoso e logo fiquei sabendo que pertencia a um milionário excêntrico do Texas cujo hobby era pescar o marlim-azul, um dos peixes mais belos do oceano.

O iate estava seguindo o cardume, que nos dias seguintes iria passar perto de Fernando de Noronha. Entramos em contato com o americano. Ele considerava impossível filmar o marlim-azul no fundo do mar. O peixe chega a nadar a uma velocidade de 120 quilômetros por hora e, quando morde a isca, tenta se defender e pode ferir quem se aproximar. Assinamos um termo de responsabilidade pelas nossas vidas e fomos para o alto-mar.

Eles pescavam o marlim, depois soltavam. Pulamos na água, Paulo Zero e eu, quando o grande marlim foi fisgado. Ele veio em nossa direção, belíssimo, com aquela crista azul no dorso, passou sobre a câmera de Paulo, subiu e pulou três vezes na superfície. A câmera de Marconi pegou toda a sequência externa.

Para variar, mergulhamos na corveta *Ipiranga* à noite. Imagens noturnas inéditas e surpreendentes, numa profundidade superior a sessenta metros. O programa ficou realmente diferente. Mostramos um pouco da história de Fernando de Noronha, tivemos momentos de aventura, as imagens incríveis do marlim-azul, ajudamos a recuperar o farol, e os quinhentos anos do descobrimento do arquipélago tiveram o merecido registro.

# Como a TV mudou o Carnaval

Há quarenta anos, quando participei da primeira cobertura do Carnaval de Pernambuco, a beleza dos desfiles das agremiações de Olinda era inigualável. Pitombeira dos Quatro Cantos, Elefante, Marim dos Caetés, Flor da Lira e Vassourinhas enchiam de cores, alegria, belas fantasias e muito frevo as ladeiras da cidade histórica.

As canções eram inesquecíveis, como o "Hino de Elefante", dos compositores Clídio Nigro e Clóvis Vieira, até hoje a canção mais cantada no Carnaval: *Ao som dos clarins de Momo/ o povo aclama com todo ardor/ o Elefante exaltando as suas tradições/ e também o seu esplendor.* Ninguém esquece este refrão: *Olinda, quero cantar/ a ti esta canção/ Teus coqueirais, o teu sol, o teu mar/ faz vibrar meu coração/ de amor a sonhar, minha Olinda sem igual/ salve o teu Carnaval.*

Nem mesmo os turistas estrangeiros, independentemente do idioma, deixavam de se emocionar na passagem dos blocos pelas ruas estreitas de Olinda, decoradas pelos próprios moradores, que participavam ativamente dos desfiles. Confetes, serpentinas e muitos aplausos saudavam os personagens. Eram todos conhecidos: vizinhos, amigos, parentes, que ficavam nas sacadas dos casarões antigos, esperando o momento de aplaudir. Era um desfile cheio de emoções. O ritmo do frevo elevava as batidas do coração.

Nessa época, eu era o único repórter de rede da Globo na região Nordeste. E durante quase dez anos mostrei com exclusividade a beleza do Carnaval de rua, em Olinda e no Recife, com seus blocos líricos, maracatus, caboclinhos, a Noite dos Tambores Silenciosos, o Homem da Meia-Noite, a evolução dos bonecos gigantes...

O Carnaval cheio de cultura e tradição era uma novidade na televisão brasileira, que tinha como única atração carnavalesca os desfiles das escolas de samba e os blocos do Rio de Janeiro. Eu tinha três minutos diários no *Jornal Nacional*, que era apresentado por Cid Moreira e Sérgio Chapelin. Conseguia até oito minutos no *Fantástico*. Não havia concorrência. A cobertura do Recife predominava na região. Chegou ao ponto de o ex-governador baiano, Antônio Carlos Magalhães, procurar a emissora para reclamar "que o Carnaval da Bahia estava sendo preterido e só mostravam Pernambuco".

O diretor de Jornalismo, Armando Nogueira, argumentou que a TV baiana precisava formar equipe, contratar um repórter preparado para fazer reportagens nacionais, o que ainda era raro nos primeiros anos da televisão brasileira.

Alice-Maria, a então diretora executiva, sugeriu à TV Aratu, então afiliada da Globo na Bahia, a contratação de Hermano Henning, um dos principais correspondentes da Globo, que estava voltando da Europa. Hermano apaixonou-se por Salvador, e passamos a disputar o espaço nos telejornais para mostrar a beleza dos carnavais dos dois estados. Mas, àquela altura, o "estrago" já estava feito. Por quase uma década dominamos o noticiário, mostrando a riqueza cultural de blocos e ritmos pernambucanos.

A cada ano, aumentava o número de pessoas nas ruas e ladeiras de Olinda. Não havia mais espaço para os blocos passarem. Até que um morador chamou minha atenção. Estávamos descendo a ladeira da Ribeira, na frente dos bonecos gigantes, quando ele saiu de sua casa, onde estava com a família, foi até o meio da rua e disse para todos ouvirem:

— Chico, tu não estás percebendo que está acabando com o Carnaval de Olinda! Os clubes não conseguem mais desfilar. Os músicos que seguem os blocos não podem tocar. Cada ano aumenta a multidão. Além do mais, a cidade não tem estrutura para receber tanta gente. Todo mundo fazendo xixi pelas ladeiras. Cada vez que a televisão mostra o Carnaval daqui, no ano seguinte aumenta a multidão! Vai fazer reportagem de Carnaval em outro lugar...

Ele tinha razão. O desabafo foi uma lição. Desde que fui "expulso" de Olinda, passei a centralizar minha participação na cobertura do Carnaval do Recife. Fui descobrir o Marco Zero, no centro da cidade, que começava a ter desfiles dos maracatus e dos blocos líricos. Com a chegada de novos repórteres de rede, Mônica Silveira, Beatriz Castro, Bianka Carvalho, Fernando Rego Barros, André Galindo, George Guilherme e outros profissionais da nova geração, a cobertura do Carnaval olindense teve continuidade com todo o destaque.

Só voltei a Olinda em 2013, porque fui homenageado pelos blocos Homem da Meia-Noite e Flor da Lira. Saí ao lado do Calunga, pai dos bonecos gigantes, com três metros e meio de altura, apenas como admirador. Vi o desfile do Homem da Meia-Noite, o pioneiro dos bonecos gigantes, que arrasta mais de 500 mil pessoas — estimativa da polícia — pelas ruas da cidade histórica.

O Carnaval do Recife começa pra valer com o Galo da Madrugada, no sábado de Zé Pereira. No primeiro desfile, eram apenas 74 pessoas. Com o tempo, segundo os organizadores, o número de seguidores subiu para além dos 2 milhões. Está registrado no livro dos recordes, o *Guinness Book*, como o maior bloco de Carnaval do planeta. O Bola Preta, do Rio de Janeiro, quer tomar a coroa do Galo, mas ainda precisa crescer muito para chegar perto do trono. Quem conhece o bloco do Recife sabe que ele é soberano, sem igual.

Passamos a divulgar mais o Recife Antigo, no Marco Zero, no bairro onde foi fundada a cidade. E aconteceu o mesmo fenômeno que já havia alterado as festividades olindenses. Gente demais, ano após ano, no centro histórico da capital pernambucana. Avenidas, ruas e praças ficam completamente lotadas. Minha filha mais nova, Carla Beatriz, que começou a frequentar o Carnaval do Recife Antigo ainda menina, dançando sobre meus ombros, contou, mais recentemente, que quase não conseguiu passar pela multidão para ver de perto os shows de Lenine, Alceu Valença e Elba Ramalho no palco principal. Estamos sugerindo ampliar a área do Carnaval no centro da cidade, criando polos de animação nas avenidas Guararapes e Dantas Barreto, que são mais amplas e estão do outro lado das pontes sobre o rio Capibaribe.

Com o tempo, a concorrência na cobertura do Carnaval aumentou imensamente. Isso graças ao trabalho do repórter José Raimundo e aos desfiles dos trios elétricos com os grandes astros e estrelas da música baiana, além das escolas de samba de São Paulo, que antes não tinham tanto destaque e passaram a fazer espetáculos maravilhosos. Em relação às escolas de samba, sempre predominou a cobertura dos desfiles no Rio de Janeiro, que encantam o mundo.

Atribuem ao "bairrismo" dos repórteres a grande rivalidade entre os carnavais de Pernambuco e da Bahia. Zé Raimundo e eu sempre nos empolgamos muito quando citamos números. Um editor de plantão na redação do *Jornal Nacional* questionou se o Galo da Madrugada era o maior bloco de Carnaval do Brasil. O nosso produtor no Recife, Charles Tricot, respondeu:

— Do Brasil, não! É o maior do mundo. Veja o livro dos recordes, que este ano está contabilizando 2,5 milhões de pessoas no desfile do Galo.

Mas não adianta! O tempo de cada VT é decidido na véspera. Um minuto e meio para cada praça. Em 2013, o tempo ficou ainda mais reduzido, porque o papa Bento XVI decidiu renunciar na véspera do

Carnaval. Ainda bem que a Globo Nordeste, através da Globo Internacional, transmite ao vivo o desfile do Galo da Madrugada para cerca de cem países.

Na Quarta-Feira de Cinzas de 2016, Beatriz e eu, em casa, fizemos um balanço da nossa cobertura, com participação de uma equipe maravilhosa. Foi realmente um show! Mais uma vez, Pernambuco e Bahia foram os destaques regionais, por merecimento, por serem os melhores carnavais com participação popular do país. A multidão continua aumentando a cada ano, mesmo em tempo de crise. A crítica aos políticos corruptos e as fantasias do mosquito *Aedes aegypti* predominaram no Carnaval passado.

O que não muda no Carnaval de Pernambuco são a tradição, as expressões culturais enraizadas, a beleza dos maracatus com seu ritmo forte, o romantismo dos blocos líricos com os corais e suas canções inesquecíveis, os caboclinhos e a participação popular. Gravei uma matéria na rua do Bom Jesus, passarela do Carnaval do Recife, e encontrei a menina Alice, de apenas três meses, nos braços da mãe, que não parava de pular. Perguntei o que uma criança com aquela idade estava fazendo no meio da multidão. A mãe respondeu:

— Está aprendendo a tomar gosto pelo Carnaval. Ela é pernambucana. Eu também comecei assim.

Alice não era a única criança acompanhando os blocos e maracatus. Em todos os nossos carnavais, milhares de meninos e meninas vão às ruas participar, nos braços e nos ombros dos pais. Pernambuco tem o patrimônio do frevo, um ritmo alucinante que mexe com todos. E canções de compositores imortais, como Capiba, Nelson Ferreira, Edgard Moraes, Manuel Bandeira, Getúlio Cavalcanti... Falta espaço nas ruas, de tanta gente em busca de alegria! A riqueza cultural é superior a todos os obstáculos.

# Os micos do nosso dia a dia

Nem tudo dá certo em nossas missões. São muitos os desencontros. Alguns nem vão ao ar. Mas os vexames são frequentes, como cair da corda do rapel, virar com o barco nas corredeiras de um rio, ir a Roraima quando a matéria é em Rondônia, procurar a pororoca na época errada e até viajar longas distâncias e esquecer a câmera. Já imaginaram um narrador cair da cadeira numa transmissão ao vivo para todo o Brasil? Já aconteceu comigo! São essas situações inusitadas que vou relatar agora.

Os micos da profissão, desacertos e desencontros, escorregões, quedas, perda do equipamento... Passei por dois momentos de esquecimento da câmera, principal instrumento de trabalho numa reportagem de vídeo. Na segunda Copa do Mundo do México, em 1986, houve reunião no hotel, na véspera da estreia do Brasil, em Guadalajara, e recebemos a recomendação básica para que ninguém perdesse a hora. Para evitar os congestionamentos de trânsito, a ordem era ir para o Estádio Jalisco às sete da manhã. O jogo teria início ao meio-dia, mas estávamos a postos, cada um em sua posição de cobertura, na hora marcada.

O repórter Carlos Nascimento e eu tínhamos a incumbência de fazer os flashes ao vivo, nas duas principais entradas do estádio, antes e depois dos jogos da seleção brasileira. Logo cedo, eu já estava posicionado, com os fones, ouvindo a programação. O programa infantil *Balão Mágico* estava no ar quando ouvi a voz inconfundível do narrador Léo Batista, pela linha de coordenação:

— Chico, já tem alguma coisa acontecendo aí? Vamos começar daqui a uns trinta minutos. Você e o Nascimento vão falar sobre a expectativa do jogo, até a chegada dos primeiros torcedores. Pede ao teu cinegrafista para posicionar a câmera.

Passei a orientação para Cleber Schetinni: o Rio quer a câmera posicionada. Cleber passou a recomendação para um dos assistentes, Adir, que por sua vez recorreu ao outro auxiliar, Baracho, pedindo a câmera! E em seguida os três ficaram parados, estáticos, apreensivos, olhando um para o outro, sem reação, a não ser de desespero. A câmera havia ficado no hotel. Foi uma correria para recuperar o tempo perdido.

Os dois partiram enlouquecidos, e eu fiquei enrolando os técnicos que falavam pela linha de coordenação, do Rio de Janeiro, querendo testar o áudio e o vídeo. Eu respondia que estávamos com um "probleminha" com a câmera, mas logo seria resolvido. Eles foram ao hotel e voltaram em tempo recorde, instalaram o equipamento e em seguida entrei para valer, diversas vezes. Falava para todo o Brasil, ao vivo, sem que ninguém — a não ser a equipe envolvida no mico do esquecimento da câmera — soubesse do sufoco que havíamos passado.

NA OLIMPÍADA de Los Angeles, levaram a câmera, mas esqueceram as fitas de gravação. Atravessamos toda a cidade para chegar ao Comitê Olímpico, onde ia haver a entrega das comendas. O brasileiro Antonio Carlos de Almeida Braga receberia o colar olímpico, como único homenageado do continente sul-americano. Na entrada do comitê, o cinegrafista percebeu que não tinha fita e voltou para a nossa base. Logo depois, a solenidade teve início. Sem fita, não havia como gravar. Quando o evento terminou, pedi ao homenageado para esperar. Usei o argumento de que estávamos com problema no equipamento, mas precisávamos gravar a entrevista. Conversamos durante quarenta minutos, até a chegada da fita. Na redação, aproveitamos as imagens da entrega da comenda, gravadas pela produtora do comitê oficial dos jogos e colocadas à disposição de todas as emissoras credenciadas. A matéria entrou no *Jornal da Globo*. Havia sido recomendada pelo Boni, o todo-poderoso diretor-geral.

EM OUTRA OCASIÃO, saímos do Rio, de carro, rumo ao sul da Bahia. Tínhamos encontro marcado com as baleias jubartes, no arquipélago de Abrolhos. Já estávamos no Espírito Santo, nos aproximando de um posto da polícia rodoviária, quando percebemos um agente sair rapidamente, atravessar a pista e sinalizar para que o nosso carro parasse no acostamento. Ele foi gentil e formal:

— Estão fazendo boa viagem? Nós recebemos uma mensagem do sr. Johnson Gouvea, da Rede Globo, pedindo para os senhores entrarem em contato imediatamente com ele. Ali na frente tem um posto de gasolina, onde podem encontrar um orelhão.

Naquela época não havia celular. Ligamos para Johnson, o supervisor dos cinegrafistas. Ele pediu para falar com Bacalhau, que era upjoteiro e hoje um dos bons cinegrafistas da Editoria Rio. Começou o cômico diálogo:

— Bacalhau, pô! Cadê a câmera?

— Que câmera?

— A câmera que vocês vão usar pra filmar as baleias...

— A câmera está aqui na mala do carro...

— Na mala do carro, coisa nenhuma! Vocês esqueceram a câmera no almoxarifado, aqui no Rio. Como é que vão fazer matéria sem câmera? Sigam agora para o aeroporto de Vitória, que o Marcelo partiu de avião com a câmera para encontrar com vocês.

O próprio Johnson, que foi um dos maiores cinegrafistas da Globo, trabalhou comigo no Pantanal e teve uma câmera danificada enquanto tentava filmar a piracema do rio Coxim. Os peixes estavam perto das pedras, pulando para vencer as corredeiras e chegar à cabeceira do rio para desovar. Johnson se aproximou muito da água, caminhando pelas pedras. Chegou bem perto do cardume. Um pintado grande percebeu e deu uma rabanada na água, para fugir. O jato d'água atingiu o cinegrafista e a câmera. A reportagem parou ali. A câmera foi para a manutenção.

EM UMA GRAVAÇÃO para o *Globo Repórter* na região da Bodoquena, em Mato Grosso do Sul, meu amigo gaúcho Zé Henrique, companheiro em muitas reportagens, foi para a beira de um barranco, filmar o rio Salobra. O barranco cedeu, e ele caiu dentro do rio com a câmera. Quando é água doce, dá pra recuperar. Mas o mesmo Zé Henrique, trabalhando para o *Globo Mar*, com o repórter Ernesto Paglia, foi apanhado por uma onda que invadiu o barco enquanto estava filmando na costa de Alagoas. Nesses casos, a câmera tem que ser substituída. A água salgada danifica o equipamento, que muitas vezes fica inutilizado. Apesar de todo o cuidado das equipes com câmeras, microfones e iluminação, acidentes acontecem.

Uma canoa voadeira virou comigo e com o barqueiro nas corredeiras de um rio da Amazônia. A correnteza era muito forte, as ondas faziam com que a água entrasse na embarcação. Quando a canoa virou, consegui pegar a caixa com o equipamento e sair nadando até a margem do rio, na floresta. O upjoteiro secou o equipamento, e continuamos a gravação da matéria. Por sorte, a câmera não estava no barco que afundou e as imagens puderam ser gravadas.

O CASO MAIS SURPREENDENTE, inusitado mesmo, de perda temporária da câmera aconteceu em Taperoá, no sertão da Paraíba. Não vou citar o nome do cinegrafista, para não perder um dos meus melhores amigos. Estávamos na fazenda de Manelito, primo-irmão do escritor Ariano Suassuna e um dos maiores criadores de bodes do Nordeste. Já havíamos concluído a gravação sobre as raças de caprinos da fazenda quando Manelito resolveu mostrar uma vaca, campeã em produção de leite.

O cinegrafista baixinho foi com a câmera por trás. Segundo ele, para gravar um *take* diferente das tetas gigantes da superprodutora de leite. E o que aconteceu? A vaca, como se agisse de forma premeditada, deu um banho de esterco no azarado. Ele se transformou num homem verde, da cabeça aos pés, uma estátua em miniatura do Incrível Hulk com uma câmera na mão. Até hoje ele diz que a sua vida profissional tem duas fases: antes e depois da vaca.

Com uma mangueira de água, outro companheiro de incontáveis jornadas, o Doido, durante quase uma hora tentou banhar o amigo e a câmera que ele mantinha na mão, mas nem assim conseguiu retirar o verde por completo. De volta ao Recife, a notícia, não sei como, se espalhou. Por mais de uma semana, as meninas não o deixavam entrar na redação. A reação era imediata: "Tira esse fedido daqui!". Mais de oito anos se passaram, e ele diz que até hoje sente as consequências do trauma daquele dia. Depois disso, voltamos à fazenda de Manelito, eu e o cinegrafista da vaca, que se recusou a chegar perto da amiga dele. Não quis nem vê-la...

Já aconteceu de mandarem a equipe para Roraima quando a matéria era em Rondônia. Não deu nem pra justificar o engano. Marcaram passagens, reservaram hotel, e só quando a gente chegou a Boa Vista, para pegar a pauta na emissora local, descobrimos o equívoco.

Foi apenas um erro geográfico de milhares de quilômetros de distância. Na hora de fazer a pauta, escreveram Roraima, quando o destino certo seria Rondônia. Mas deu tempo de voltar e fazer a matéria, mostrando a grande piracema nas cachoeiras da Amazônia, em Rondônia.

Há cerca de vinte anos, estávamos no Amapá quando recebemos uma ligação da chefia de reportagem do *Fantástico*:

— Chico, nós soubemos que vocês estão no Amapá. Aproveita para gravar a pororoca pra gente. Quando concluir o trabalho para o *Jornal Nacional*, faz a pororoca para o *Fantástico*.

— Pororoca, de novo! Eu já fiz essa matéria...

— Não! É a pororoca do rio Araguari. A maior de todas, que nunca foi vista na televisão. Aluga dois barcos aí e vai lá...

Foi um dia inteiro de viagem, sob um sol de rachar! As canoas voadeiras não têm cobertura. Viajamos expostos ao sol e à chuva. Ao entardecer, estávamos chegando ao local da pororoca, já perto da foz. Os barrancos das margens do rio estavam destruídos. Árvores imensas haviam caído no Araguari, como se um tsunami houvesse passado por ali. A pororoca é uma onda gigante, que vem do mar, entra pela foz e invade o rio, destruindo tudo pelo caminho por vários quilômetros. A equipe começou a chiar:

— Se a onda vier e pegar a gente, vai destruir tudo. Afunda o barco... Vamos perder o equipamento...

Eu sentia que a maior preocupação naquele momento era com a nossa própria vida, mas logo em seguida surgiu um pescador numa das curvas do rio. Ele remava uma canoinha tão pequena que podia ser inundada a qualquer momento. Pedi ao piloto para nos aproximar do caboclo, bem devagar, pra não alagar a canoa dele. E começou o diálogo esclarecedor:

— Boa tarde, amigo! Pelo jeito a pororoca passa por aqui destruindo tudo?

— É isso mesmo! Quando ela vem é um Deus nos acuda! Arrasta tudo que encontra pela frente. Um barquinho como este aqui, ela joga pra cima e sai levando...

— Então, nós temos que sair daqui imediatamente, não é mesmo? Senão ela pode levar nossos barcos e a sua canoa.

— Não, senhor! Pode ficar tranquilo, porque a pororoca passou na lua nova, em maio. E nós já estamos em junho... Agora ela só volta em setembro.

Moral da história: estávamos no mês errado para gravar a pororoca. Mas não perdemos a viagem, porque estava anoitecendo e vi centenas de aves pousando numa ilha dormitório do Araguari. Eram os belíssimos guarás. Aves vermelhas de bicos longos, os íbis-escarlate, que em algumas regiões estão ameaçados de extinção. O *Fantástico* chamou a matéria de "A ilha dos pássaros perdidos".

OUTRO MICO ACONTECEU no sertão de Pernambuco. Estávamos seguindo para a Serra Negra, primeira reserva biológica do país. Um brejo de altitude, onde existe uma floresta com grandes árvores no topo da serra, no meio da vegetação seca. Para chegar até lá, tínhamos que passar em dois carros por uma área indígena. Fomos parados pelos índios. Pediam ajuda para libertar o cacique deles que estava preso na cidade de Floresta. Como eu tinha que comprar água e comida antes de acampar, voltei sozinho, dormi na cidade e no dia seguinte, logo cedo, fui até o fórum.

O juiz Edilson Rodrigues estava presidindo uma audiência, mas quando me viu na porta, procurando um lugar para sentar entre as pessoas que assistiam ao julgamento, baixou os óculos e perguntou:

— É o repórter Francisco José?

Antes que eu respondesse, o pessoal que estava na sala confirmou. O juiz me convidou para sentar ao lado dele. Parou a audiência e puxou conversa:

— Você já esteve muitas vezes aqui em Floresta, para fazer reportagens sobre a guerra de famílias. Morria gente quase todo dia. Eu via suas reportagens. Mas nós estamos em setembro, e sabe quantos crimes de morte aconteceram aqui neste ano? Nenhum! Sabe por quê? Porque eu não deixo ninguém andar armado. Se entrar armado na cidade, vai para a cadeia!

Eu pensei: *E agora?* O juiz havia me desarmado! Como eu iria argumentar para livrar o cacique? Tudo isso acontecia na sala do júri, com todo mundo olhando pra mim. O constrangimento foi ainda maior quando o juiz lembrou de perguntar:

— Mas o que você está fazendo aqui? A que devemos a honra da sua visita?

Meio sem jeito, eu argumentei que estava ali porque o ritual do Ouricuri dos índios não estava acontecendo na área onde fazíamos as gravações porque o cacique estava preso. O juiz interrompeu meus argumentos, de forma muito espontânea:

— Esse cacique é um exemplo do que eu lhe disse. Chegou aqui pensando que estava na aldeia dele, com uma arma na cintura. A polícia tem ordens minhas para prender, seja quem for. Tá vendo aquele sentado ali atrás? É o pároco da cidade. Vem aqui quase todo dia! O que está ao lado do padre é o advogado dele. Outro dia os índios passaram a tarde toda aí na porta do fórum, dançando toré. Nem dei atenção aos protestos deles. Mas eu não posso negar um pedido seu...

Foi a minha vez de interromper o diálogo. Aleguei que não estava lhe pedindo nada. Nem tinha esse direito. Estava ali para saber se havia possibilidade de liberdade condicional ou prisão domiciliar, na aldeia. Mas o juiz imediatamente tomou a decisão:

— Não! Vou mandar soltá-lo. Traz aí o processo daquele índio! Como é mesmo o nome dele? Escreve aí a minha sentença!

Vou transcrever apenas o final do documento liberatório: "Se voltar a andar armado na cidade, se cometer o crime outra vez, vai passar dois anos dançando toré na cadeia".

O juiz era tão bravo que afastou o prefeito de Floresta de suas funções. Há alguns anos, sofreu um atentado. Levou um tiro na cabeça, mas sobreviveu.

Três dias após o cacique ser solto, quando estávamos voltando da Serra Negra, fomos parados mais uma vez pelos índios, na aldeia, por onde tínhamos que passar. O cacique queria agradecer. Lembrei a ele a sentença do juiz: "Se voltar a andar armado, vai passar dois anos dançando toré na cadeia". Seguíamos pela estradinha, no caminho de volta ao Recife, quando o cacique gritou:

— Espera aí. Não vai agora, não! Traz o presente!

Em seguida, saíram dois índios de uma casa com um bode morto. O bicho estava tratado, pendurado numa estaca de madeira. Quando percebi que o bode era um presente de agradecimento, recusei veementemente, aleguei que não posso receber presentes, que não como bode, mas não pude deixar de dar boas risadas com aquela cena bizarra, digna de um conto de cordel.

EM 1994, EU ESTAVA em Londres, substituindo o correspondente Pedro Bial, que participava da Copa do Mundo dos Estados Unidos. Logo que terminou o Mundial, com o Brasil campeão, recebi a orientação do diretor Carlos Henrique Schroder para voltar imediatamente ao Brasil, porque a seleção brasileira ia chegar em um voo direto para o Recife. Eu tinha que narrar a chegada dos campeões.

Às 9h30 da manhã, William Bonner, que era o apresentador do *Jornal Hoje*, abriu a transmissão com a seleção chegando ao aeroporto dos Guararapes e Romário mostrando a bandeira do Brasil pela janela da cabine de comando do avião. William passou a narração para mim, e comecei a mostrar o desfile dos jogadores num trio elétrico, com a multidão acompanhando em um autêntico carnaval pela praia de Boa Viagem.

Cansado de ficar sentado durante quatro horas no estúdio da Globo Nordeste, fui mudar de posição, sem tirar o olho do telão, onde apareciam as imagens que eu estava descrevendo. A cadeira virou e eu caí no tablado do estúdio, com o microfone na mão. Que mico! Só a equipe que trabalhava no controle da transmissão, dentro da emissora, percebeu o tombo.

À uma e meia da tarde a seleção estava de volta ao aeroporto, e chamei William Bonner, que começou a apresentação do *Jornal Hoje*. Saí do estúdio e a curiosidade era grande. Todos queriam saber: o que foi aquilo? Caí com a cadeira, falando ao vivo para todo o Brasil. Ainda bem que era em *off*, ou seja, o telespectador só ouvia a minha voz. E ninguém percebeu, porque não parei de falar durante toda a transmissão. Nem mesmo quando estava no chão!

# Situações de risco

Em quarenta anos subindo montanhas, escalando vulcões, vivendo dias na selva, mergulhando em mares desconhecidos, era natural passar por algumas situações de risco, mas nada que nos fizesse voltar do meio do caminho e desistir de fazer a matéria. A segurança da Globo tem um lema: nenhuma reportagem vale uma vida. Eu tenho outro lema: as reportagens com risco de vida são as mais atraentes. Vamos aos fatos!

## À deriva em alto-mar

O catamarã *Discovery*, equipado para mergulho, estava seguindo de Natal para Fernando de Noronha quando o comandante Djalma percebeu na sonda que a profundidade havia passado por uma alteração súbita. Saiu de mais de 2 mil para apenas quarenta metros. Meu amigo francês, o experiente mergulhador Patrick Muller, que estava no barco, pulou na água com equipamento de mergulho. Ele desceu e viu um platô com pedras fossilizadas e uma formação rochosa que mais parecia um templo. O local foi marcado no GPS. Patrick voltou para Natal, ligou pra mim e disse:

— Descobrimos a Atlântida! Parece uma cidade perdida no meio do mar. Vem logo, que estamos esperando por você no porto de Natal.

Não era um conto de Platão, que criou a lenda da Atlântida, a cidade submersa perdida. Era um conto de Patrick, que sempre me deu excelentes pautas. Ele viu as formações rochosas no meio do mar a apenas quarenta metros de profundidade e sentiu que seria mais uma boa reportagem.

Fomos embora mar adentro para desvendar aquele mistério. O comandante Djalma localizou o platô. Combinei com Patrick e Fábio Borges, cinegrafista das imagens submarinas, que quando eu começasse a falar eles pulariam na água e eu iria em seguida. Olhei para a câmera e comecei a gravar:

— Estamos no limite da plataforma continental, ao lado de um abismo com mais de 2 mil metros de profundidade.

Patrick e Fábio pularam na água e foram para o fundo, para evitar que a correnteza os levasse pra longe, mas o Doido, meu amigo upjoteiro, interrompeu a gravação. O áudio não estava valendo. Ele sempre diz que testa o microfone antes, mas só na hora da gravação percebeu que a bateria havia acabado. Correu para buscar outra bateria dentro do barco. Testou o microfone direcional, voltei a falar e pulei na água, mas já era tarde.

Desci rápido tentando chegar ao fundo e percebi, pelo computador preso no braço, que estava perto dos cinquenta metros de profundidade e nada do platô. Pela escuridão que via lá abaixo, senti que estava fora de alcance da plataforma, na área da região abissal. A parede havia ficado para trás. Voltei à superfície, mas ouvi apenas o barulho do motor do barco, que se afastava cada vez mais. Estava nublado, e a visibilidade não era boa.

O catamarã é grande, e o comandante Djalma não viu que eu havia pulado atrasado, na popa. Nem a minha equipe percebeu que eu estava afastado dos outros dois mergulhadores. Inflei o colete e fiquei à deriva, sozinho no mar, por mais de quarenta minutos. Deu tempo de pensar na vida, lembrar do filme *Perdidos no mar*, em que mais uma vez os tubarões do cinema aparecem como vilões. Olhava para baixo e só via a imensidão azul.

Até que Patrick e Fábio concluíram o mergulho e voltaram para o barco. Perguntaram por mim, e ficou claro que não havíamos nos encontrado lá embaixo. O comandante Djalma, com toda a sua experiência, seguiu a correnteza e me encontrou. Subi para o catamarã, rimos bastante da situação do "náufrago" e logo depois voltamos a mergulhar, porque eu não tinha visto a "cidade perdida".

Era realmente impressionante e rendeu uma bela matéria. Entramos pelas fendas das pedras, naquilo que parecia um templo antigo, construído pela natureza. O teto era sustentado por imensas pilastras de rochas, formações impressionantes, muito longe da terra.

Eu já havia ficado à deriva no mar, no Atol das Rocas, a nossa reserva biológica marinha, de formação vulcânica. Mergulhamos no barretão, uma passagem entre as pedras, por onde entra e sai a água nos movimentos das marés, enchendo e secando. Por baixo d'água, a correnteza nos levou para o mar aberto. Até que Zelinha Brito, a diretora da Reserva Biológica Atol das Rocas, lembrou da gente e foi nos procurar guiada pela correnteza. Mais uma vez, eu estava com Patrick.

Numa situação como essa, a única forma de voltar ao atol era resgatado pelo barco, porque a correnteza estava nos levando no sentido contrário à boca do vulcão. Estávamos gravando uma matéria sobre o paraíso ecológico onde vivem 150 mil aves. Apenas eu e Patrick estávamos mergulhando. E confiávamos na experiência da nossa querida Zelinha, que perdeu muito tempo atendendo o rádio da reserva, por isso demorou a nos resgatar. Quando vimos o barquinho inflável com motor de popa pulando sobre as ondas em nossa direção, foi um alívio.

## Susto na descida de rapel

Tenho um amigo, André Pessoa, que é produtor e fotógrafo, com um acervo de imagens maravilhosas da Caatinga. Ele é um verdadeiro desbravador dos sertões e sempre me oferece boas pautas. Já gravamos juntos quatro programas do *Globo Repórter* nas áreas mais desconhecidas do Piauí, Maranhão, Bahia, Sergipe e Pernambuco. Antes de um desses programas, ele disse:

— Estou esperando por você com duas cordas de rapel pra gente descer um penhasco de quase noventa metros de altura e chegar até uma área de Mata Atlântica que ninguém conhece. Você vai poder dizer que encontramos uma floresta exuberante em plena região seca do Nordeste.

Só que havia um detalhe: nem André, nem eu éramos especialistas em rapel. Eu já havia descido no Buraco das Araras, em Mato Grosso do Sul, mas com o documentarista Haroldo Pallo Jr. ao meu lado, ensinando toda a técnica para descer pela corda. Nesse dia, no buraco onde vivem as araras, o mais difícil foi subir, no calor intenso, pedalando, fincando uma perna na corda, depois a outra, em movimentos ritmados, metro a metro. Era a única forma de voltar ao topo do penhasco, e nos levou quase à exaustão, mas deu certo.

Errado foi o que fizemos no Parque Nacional da Serra das Confusões, uma região desabitada de 500 mil hectares de Caatinga no Piauí. André jogou a corda dele no precipício, e ela ficou presa na ponta do paredão. A minha caiu certo lá embaixo, mas tentei ajudar André a livrar o cabo dele no extremo do abismo. Quando ia voltar para a posição vertical, caí feio, dando uma cambalhota no ar e batendo com as costas e a cabeça na parede de rochas.

Senti o sangue descendo pela nuca, mas estava consciente e não larguei a corda. Desci gravando, como se nada tivesse acontecido. A câmera estava do outro lado do abismo. Eu tinha um microfone de lapela que gravou tudo: os momentos de tensão, bem autênticos, a passagem e toda a narração da descida, que foram bem aproveitados no *Globo Repórter*. A floresta realmente era diferente de tudo e valeu o sacrifício.

# Na caverna dos morcegos

O professor Enrico Bernard, da Universidade Federal de Pernambuco, perguntou se eu queria ouvir o canto dos morcegos. Estranhei, porque não sabia que os morcegos cantavam. O professor esclareceu que eles cantam como os pássaros, numa frequência que os ouvidos humanos não conseguem captar. Fomos ao Parque Nacional do Catimbau, a trezentos quilômetros do Recife, uma unidade de conservação que só existe no papel, graças à assinatura do decreto pelo ex-presidente Lula.

Nada foi feito para preservar o parque. Não havia nenhum plano de manejo, nem as pessoas que vivem na área foram indenizadas e continuam caçando, queimando a mata, plantando em suas roças, criando animais e até cobrando pedágio dos visitantes que vão conhecer a beleza natural do Catimbau. Tudo isso porque não há uma política eficiente voltada à preservação do meio ambiente no país. Por isso, um dos lugares mais bonitos do Nordeste, um laboratório de estudos para a ciência, continua no anonimato, sem viabilidade de acesso, sem fiscalização, sem conservação.

O professor Enrico ligou seu potente gravador, ao anoitecer, bem no meio da Caatinga, e gravou o canto harmônico dos morcegos em pleno voo, um som que enriqueceu muito a nossa matéria. O guia Genivaldo, meu velho companheiro do Catimbau, havia comentado comigo sobre a caverna dos morcegos, que ficava num dos paredões de arenito do vale. O professor Enrico desaconselhou nossa entrada na caverna. Ele argumentou que dezenas de espécies de morcego vivem lá naquela fenda. Entre as espécies, os hematófagos, conhecidos como morcegos-vampiros, que se alimentam de sangue humano e dos animais.

O professor revelou que não ia lá. Alegou ainda que os morcegos transmitem doenças como a raiva, provocando uma infecção viral que atinge o sistema nervoso central. E a histoplasmose, doença infecciosa respiratória causada por fungos também transmitida pelos morcegos.

Consultei o guia Genivaldo, o cinegrafista Edison Silva e o upjoteiro Waldemir Martins, o Doido. Eles toparam! No dia seguinte, fizemos uma longa escalada para chegar até a caverna. Ficamos 46 minutos convivendo com milhares de morcegos, muito agitados com a nossa iluminação a LED, fácil de carregar e de grande potência, que deixou a caverna bem iluminada para as imagens do Edison Silva. Mostramos morcegos brancos, que são raríssimos. Também encontramos morcegos amarelos. Uma revoada sem fim na nossa frente. Protegíamos o rosto com as mãos. Excitados pela iluminação, eles voavam sem controle e batiam na gente.

Com a luz acesa e a câmera ligada, gravamos o tempo todo, entrevistando Genivaldo e narrando nossa exploração na caverna secreta, sempre com informações. Ninguém entra ali. Foi uma experiência única, mais uma reportagem no mínimo ousada.

Avisei o professor Enrico que tinha entrado na caverna e ele respondeu que, mesmo tentando me desencorajar, sabia que eu iria até lá. Ofereci a matéria ao *Fantástico,* e logo depois me ligou a editora Renata Chiara, pedindo o texto para fazer a chamada. A matéria, que entrou com mais de seis minutos, não tinha texto. Foi feita praticamente de improviso. Prometi a Renatinha que ia gerar o VT editado por José Almeida, um gênio em edição de imagens, que está na Globo Nordeste desde a sua fundação. A visita à caverna foi mais um risco calculado que rendeu uma boa reportagem.

## Resgate nas águas do rio Branco

Em 1985, fomos gravar o *Globo Repórter* sobre a viagem do Circo Orlando Orfei, que foi embora do Brasil depois de dezoito anos divertindo os brasileiros. O novo espetáculo do circo seria atravessar a Floresta Amazônica, um desafio que teria de ser enfrentado. E a nossa missão era gravar o *Globo Repórter* acompanhando aquela aventura. Não é fácil transportar um circo tão grande de um país para outro. O novo destino era a Venezuela, partindo de Manaus para atravessar a floresta. E a forma mais prática encontrada pela direção do circo foi alugar duas balsas, com setenta metros cada uma, formando uma imensa plataforma flutuante com capacidade para estacionar 120 veículos.

Carretas, trailers, caminhões com jaulas de elefantes e automóveis utilitários pequenos levando as famílias circenses. Toda a trupe do circo, inclusive o próprio Orlando Orfei, seguiu nas duas balsas, uma acoplada à outra. Dois barcos com motores potentes empurravam as balsas rio acima, contra a correnteza.

Os palhaços que faziam a plateia sorrir, ali, eram simples peões, que trabalhavam pesado, carregando o material, orientando o posicionamento dos veículos nas balsas. O anão parecia um gigante, dando ordens, comandando os trabalhos. Trapezistas, malabaristas, contorcionistas, domadores, atiradores de faca, todos eles eram simples operários. Foi um dia inteiro para embarcar um circo daquela magnitude.

O mágico foi chamado diversas vezes para ampliar o espaço, tornando possível o que parecia impossível. Ainda sobrou uma área livre para reunir o pessoal e fazer festas nos momentos de lazer durante a viagem, prevista para quatro dias. Argentinos, poloneses, italianos e brasileiros que nunca tinham visto a grande floresta de perto iam cansar de ver o verde da mata, de um lado e do outro do rio. Era tempo de cheia na Amazônia, quando os rios transbordam e invadem a selva formando os igapós — fenômeno que ocorre anualmente. Os troncos das árvores ficam encobertos, a três, quatro, cinco metros de altura. O rio perde suas margens com a invasão da água na floresta.

Nosso barco, o *Candiru*, seguia amarrado atrás das balsas, rebocado. No segundo dia, deixamos o rio Negro e entramos no rio Branco, que banha a cidade de Boa Vista, capital de Roraima. Faltava muito para ancorar em Caracaraí, única cidade que encontraríamos no percurso antes de chegar a Boa Vista.

Na primeira noite no barco, deitado na rede, vi que os peões e os motoristas do circo estavam bebendo e passando muito perto das bordas da balsa, que não tinham proteção. Comentei com a minha equipe e com o comandante do *Candiru* que bastava um tropeço e eles cairiam na água. O comandante da nossa embarcação fez um comentário, que para mim foi uma lição de sobrevivência:

— Se cair da balsa, morre! Eu tenho mais de quarenta anos navegando pelos rios da Amazônia e nunca ouvi dizer que alguém sobreviveu, caindo à noite, com a correnteza forte desse jeito. Gato, cachorro, gente… se cair aí, ninguém acha mais.

— Por quê? — perguntei.

— A carreira d'água leva pra dentro da mata alagada. A tendência de todos é nadar pras beiras do rio, para onde a correnteza tá levando. E ali tem as piranhas, os jacarés, as cobras venenosas... E na escuridão, quem vai achar uma pessoa ou um bicho nesse mundo de água? Se não souber nadar, morre afogado aí mesmo no meio do rio.

O comentário do comandante tinha sentido. Saí da rede, peguei uma corda que tinha no barco, amarrei uma boia na extremidade e orientei minha equipe: se alguém cair da balsa, joga a boia com a corda. Parecia que eu estava adivinhando. Na terceira noite de viagem, uma árvore muito grande havia tombado para dentro do rio. A borda do lado direito da balsa bateu forte nos galhos da árvore, estremecendo tudo.

A carreta com os elefantes foi atingida. Os bichos fizeram um barulho tremendo. Houve correria, pânico! Não preciso nem dizer quanto os italianos do circo gritavam alarmados, mas a perícia dos pilotos dos empurradores evitou um desastre. Eles conseguiram fazer uma manobra, arrastando a balsa de lado para o meio do rio. A situação foi se normalizando, e todo mundo se concentrou na área livre.

Antes de reiniciar a navegação, enquanto as balsas eram posicionadas lentamente, um funcionário veterano do setor administrativo do circo, com óculos de grau, ficou encandeado pelos faróis dos empurradores, caminhou no sentido da borda lateral e caiu na água. Todos viram quando ele caiu da balsa. Eu estava perto e corri para a borda. Ele não sabia nadar. No desespero, tentando se manter na superfície, olhou para cima onde estávamos. O olhar dele, por coincidência ou não, foi direto para mim. Seus olhos bem abertos, com semblante de terror. Havia uma súplica naquele olhar, um pedido de ajuda. Era como se ele estivesse dizendo: Você, que vive no mar, não vai fazer nada para me salvar?

Não pensei duas vezes e pulei na água. Agarrei o náufrago com uma gravata no pescoço, por trás, para evitar que ele tentasse me segurar e impedisse meus movimentos. Usei a técnica que aprendi nos cursos de sobrevivência. A correnteza nos levava ao lado da balsa. Aquele paredão de ferro subia o rio, e nós descíamos.

Quando a balsa passou, surgiu o *Candiru*, que estava amarrado atrás. Gritei para o cinegrafista Sérgio Ayer jogar a corda com a boia, mas, quando ele a lançou, já não estava mais ao meu alcance. Pedi aos gritos para que ele jogasse coletes na água. A lua cheia ajudou a ver dois coletes amarelos boiando perto de mim. Nadei até eles e os coloquei dobrados embaixo do braço que estava imobilizando o funcionário do circo. Nessa manobra, até recolher os coletes e conseguir uma posição confortável, bebemos muita água. Era inevitável. E continuamos sendo levados rio abaixo. Numa situação dessas, jamais se deve nadar contra a correnteza. Nem o campeão mundial de nado conseguiria alcançar a balsa.

Naqueles minutos intermináveis de raciocínio pela sobrevivência, vieram à lembrança os ensinamentos do comandante do *Candiru*: se a correnteza levar pra dentro da floresta, morre. Segui o brilho do luar na água, que indicava o meio do rio. Olhava para os lados e só via a escuridão da floresta. Olhava para trás e via uma luz que aparecia e desaparecia, quase um delírio! Era a luz do nosso barco que vinha nos socorrer. O farol iluminava de um lado a outro do rio, à nossa procura. Meu amigo, companheiro de tantas jornadas, o editor Jotair Assad, definiu o enigma:

— Pelo que conheço do Chico, depois daquela preleção do comandante, ele não vai para as margens. Não vai se deixar levar pela correnteza pra dentro da floresta. Ele deve estar nadando no meio do rio.

Jotair matou a xarada e nos encontrou. O primeiro a ser resgatado foi o funcionário do circo, que lamentava ter perdido os óculos e por isso não estava enxergando nada. Mas estava vivo. Tomei um banho de água quente com um balde, pois estava tremendo de frio. Corri para a rede, enrolado em dois cobertores, e tive a noite de sono mais tranquila de toda a viagem, talvez graças ao cansaço. Nunca nadei tanto em circunstâncias tão adversas. Aquela também havia sido uma busca por paz na consciência. Se eu não tivesse atendido ao apelo desesperado no olhar daquele homem, jamais teria um sono tranquilo. Havia uma equipe do *Jornal do Brasil* acompanhando o circo, que registrou o resgate.

## Em busca dos meros-gigantes

O coordenador do Projeto Tamar em Aracaju, César Coelho, passou a informação:

— Encontramos um cardume de meros-gigantes depois das plataformas de petróleo, no litoral de Sergipe.

Era, de fato, uma grande descoberta. Os meros estão em extinção. Foram caçados indiscriminadamente. Ver um mero já é difícil, imaginem um cardume inteiro. Fomos até lá. Levei o meu irmão, Marcelo Libório, para gravar as imagens submarinas. Aproveitei o incrível catamarã *Enterprise*, do amigo Patrick Muller, que estava saindo do estaleiro pela foz do rio Vaza-Barris, na maré mais alta do ano, pela orla sergipana. Era a estreia do melhor barco de mergulho do país.

Entramos no mar até perder a terra de vista. O engenheiro de pesca César Coelho tinha a marcação no GPS. Certamente, os meros não estavam nos esperando lá embaixo. Tínhamos que procurar numa faixa de pedras de quatrocentos metros de comprimento por cinquenta de largura. Descemos 37 metros até uma barreira de corais rente ao chão. Vimos muitos peixes, mas não havia nem sinal dos meros-gigantes. Após quase trinta minutos no fundo, vi Patrick bem na frente, fazendo sinal de que ele e César iam subir.

Pedi que esperassem e fui até onde os outros mergulhadores estavam. Através de comunicação por sinais, avisei que ia ficar mais tempo com Marcelo, tentando descobrir os meros. Quando voltei, não encontrei mais o meu irmão. Nem sinal das bolhas expelidas durante a respiração, que ajudam a identificar um mergulhador a distância. Achei que ele também havia retornado à superfície e comecei a voltar, pagando três minutos de parada de descompressão.

Nesses mergulhos em alto-mar, quando não há referência da terra, o barco fica circulando em torno da área. Novamente estávamos com o experiente comandante Djalma, sempre de olho no horizonte, esperando que alguém surgisse à tona para aproximar o barco e fazer o resgate. Como eu estava mais distante, inflei o colete e segurei uma sinaleira de plástico vermelha, que se destaca no azul do mar e facilita a localização. Vi que Patrick e César já estavam a bordo. Logo que subi a escada do barco, perguntei por Marcelo.

Ele não fora visto. Tudo indicava que ainda estava submerso. Usamos os dados do computador para fazer cálculos. Tempo de fundo, consumo de ar, tudo indicava que o tempo normal de mergulho havia se esgotado. Conheço meu irmão e deduzi que ele devia estar prendendo a respiração lá embaixo, economizando ar do cilindro, respirando no limite. Tudo que não se deve fazer num mergulho autônomo. Seguiram-se mais uns quinze minutos de tensão e angústia.

Quando eu já estava entrando na fase do desespero, surgiu um ponto perdido no horizonte. Era ele. Pelo menos estava vivo, pensei. O barco seguiu em frente para o resgate, e fui à proa para dar a bronca de irmão mais velho. Ele respondeu aos meus xingamentos erguendo o braço e soltando um grito de vitória:

— Eu achei os meros! Uns dez gigantes, com mais de duzentos quilos cada um, desfilando na minha frente. E tinha um totalmente branco, albino…

César reagiu dizendo que ele estava delirando, pois não existiam meros brancos. Pedi a câmera, e fomos conferir as imagens. Marcelo havia realmente filmado, bem de perto, um imenso e belo mero branco. Uma raridade que valorizou ainda mais a matéria. Consultei dois especialistas em fauna marinha, os professores Mauro Maida e Beatrice Padovani. Eles confirmaram que não havia conhecimento da existência de meros albinos.

Ainda no barco, percebi que Marcelo não estava bem. Empolgado com os meros, ele ficou submerso até o ar dos cilindros acabar e subiu muito rápido. Sentia dormência nas pernas. Era um dos sintomas da doença descompressiva, uma síndrome que ocorre quando os gases inalados embaixo d'água se expandem em forma de bolhas pela corrente sanguínea.

Começou a correria para chegar ao porto de desembarque e depois, de carro, em uma viagem que durou a noite toda, de Sergipe até o hospital no Recife, para ser atendido numa câmara hiperbárica. Ele passou por sessões diárias de oxigenoterapia hiperbárica, inalando oxigênio puro, dentro da máquina que altera a pressão ambiente, com acompanhamento médico especializado. As belas imagens dos meros-gigantes por pouco não deixaram sequelas.

## Aventura no Grand Canyon

Seguíamos os vestígios dos índios Anazazis, que desapareceram há setecentos anos no deserto do Oeste americano. Eles deixaram edificações tão importantes, construídas com barro, argila e até sangue de animais, que duas delas são tombadas pela Unesco como Patrimônio Mundial. O Parque Nacional Mesa Verde, com as ruínas dos Anazazis, recebe mais de 2 milhões de visitantes por ano.

Nosso objetivo era mostrar a cidade construída pelos índios no meio de um paredão de cem metros de altura, onde os turistas não conseguem alcançar. Nosso guia era alpinista profissional. Com muito esforço físico, agarrando nas saliências das pedras, seguimos uma trilha muito antiga e chegamos ao "condomínio" dos Anazazis, no Colorado. Pareciam pequenos apartamentos, onde eles se protegiam da chuva, da neve, dos ventos e dos animais selvagens.

Na mesma área, cheia de vestígios da antiga civilização, passa o rio Colorado, que atravessa o deserto. Por mais de quatrocentos quilômetros suas águas correm ao longo das paredes do Grand Canyon, a maior fenda natural da Terra, que atrai mais de 5 milhões de pessoas por ano para admirar a sua beleza. Fiquei empolgado, vendo do alto aquele abismo que parecia de extensão infinita. Conseguimos autorização para descer. Mas não havia como alugar duas mulas ou conseguir vagas nos alojamentos para pernoitar lá embaixo. As reservas são feitas com mais de seis meses de antecedência.

Cometemos a imprudência, por falta de informações, já que aquela parte da viagem não estava programada, de descer com a roupa do corpo, confiando que estávamos em boa situação física. Pensávamos que iríamos descer três quilômetros e subir os mesmos três quilômetros. Se fosse assim, seria viável. Quando chegamos ao mirante, na metade do caminho, vi numa placa de sinalização que havíamos descido sete quilômetros, e não estávamos vendo o rio Colorado, que fica no fundo do abismo.

Decidimos continuar, porque a matéria não estaria completa sem o rio. Tudo isso, por uma trilha de areia, com três metros de largura, no máximo, serpenteando o precipício. Se caminhássemos na direção errada, para o lado, havia o risco de despencar no abismo.

Finalmente, às duas da tarde, estávamos chegando ao fim da linha. Corri para lavar o rosto na água gelada do Colorado. Uma visão impressionante daquele paredão imenso, que parecia chegar perto do céu. Enquanto o cinegrafista Eduardo Riecken garantia as imagens, fui ler as informações nas placas de sinalização. Em uma delas, havia a recomendação para não acampar ali, porque à noite a temperatura fica negativa, ou seja, abaixo de zero. E nós estávamos sem proteção para temperatura tão baixa. Tínhamos que começar a voltar imediatamente. Subir pela mesma trilha, de treze quilômetros, que havíamos descido.

Tomei a decisão de pegar a mochila com a câmera, que no início estava pesando uns quinze quilos, e pedi ao cinegrafista para ir embora com a outra mochila, porque ele teria maior chance de sair logo da área de risco. Aprendi com os alpinistas que me levaram nas escaladas dos vulcões que nessas situações, carregando mochilas, é preciso manter um ritmo lento, passo a passo.

Parti em seguida, sozinho, sem lanterna, sem agasalho, mas ainda com muita disposição. Escureceu, e, até a lua surgir, tive dificuldade para me manter sempre no centro da trilha de areia branca, que se destacava na escuridão. De um lado, o paredão, e do outro lado, o abismo.

Por volta da meia-noite, não sentia mais as pernas. Estava com câimbras, mas sabia que não podia parar, senão congelava. O frio era intenso. O vento doía na alma. Eu batia no próprio rosto para continuar acordado, tão sonolento que estava pelo cansaço. Em cada curva, rezava para chegar até a curva seguinte. Gritava para ouvir o eco da minha voz nos paredões e achar que não estava sozinho. Pensei em me desfazer da câmera. Deixar a mochila atrás de uma pedra, para vir buscar depois, mas não arrisquei. Não podia correr o risco de perder a câmera. E continuei com ela nas costas. Cheguei ao topo, às duas horas da madrugada. Tudo deserto. Não havia ninguém. Ainda tive que andar uns trezentos metros para chegar a uma cabine telefônica e pedir um carro que me levasse ao hotel.

Jamais esqueci aquela noite de solidão. Muita gente pergunta: qual a maior situação de risco que você enfrentou? Foram essa descida e a posterior escalada de 26 quilômetros no Grand Canyon. A única vez que achei realmente que não ia conseguir. Andar em linha reta 26 quilômetros é quase impossível para quem não é atleta, imaginem descer e subir o maior abismo do planeta em vinte horas de caminhada sofrida. Mas valeu a pena. A matéria foi um sucesso no *Fantástico*.

# Operação *Eccentric*

Recebemos uma denúncia de que os traficantes colombianos estavam processando cocaína em laboratórios clandestinos na selva amazônica, dentro da área indígena. Plantavam *Erythroxilum coca*, a erva que dá origem à cocaína e cujas folhas os indígenas chamam de epadu. Em 1985, o cartel de Cali estava sendo pressionado pelo Exército colombiano, com apoio dos Estados Unidos, e passou a concentrar suas atividades de produção na fronteira, invadindo a Amazônia brasileira pela terra dos índios ticunas.

Fizemos contato com André Villas-Boas, na época coordenador--geral da Funai na tríplice fronteira — Brasil, Peru e Colômbia —, onde vivem até hoje os ticunas, a maior comunidade indígena do país, com cerca de 50 mil pessoas. Desembarcamos em Tabatinga e tivemos problemas logo no pequeno aeroporto da cidade amazonense. Policiais federais estavam revistando todas as bagagens. Fomos abordados por dois passageiros do nosso voo, que nos pediram ajuda:

— Somos agentes da Polícia Federal em Brasília. Acho que estamos aqui pelo mesmo motivo. Mas os agentes locais não podem abrir nossas malas, porque nossas armas estão lá. Eles não podem saber que estamos aqui. A nossa missão é secreta.

— Laboratórios de cocaína na selva?

— É isso!

Engrossei com os agentes locais, dizendo que eles não podiam abrir as nossas malas, porque ali havia equipamentos frágeis de televisão. Aleguei que não havia espaço adequado para uma revista, sem o risco de quebrar uma lente ou a câmera. Os agentes de Tabatinga resolveram confiscar todos os nossos volumes, incluindo as malas dos agentes de Brasília, que entraram como se fossem da nossa equipe. Seguimos juntos para a delegacia. Precisávamos ganhar tempo, para que os dois agentes entrassem em contato com o diretor da Polícia Federal em Brasília, Paulo Magalhães. O diálogo foi realizado pelo orelhão. Logo em seguida, fomos liberados com as bagagens e o equipamento.

Marcamos encontro com os dois agentes de Brasília num dos poucos restaurantes da cidade, perto do rio. Havia mais peruanos que brasileiros no local do jantar. Do alto do barranco, onde estava a nossa mesa, dava pra ver as fronteiras peruana e colombiana, do outro lado do rio Solimões. Discretamente, um dos agentes comentou comigo:

— Tá vendo aquele cara falando alto na mesa aí atrás, cheia de peruanos? É o Curica, o chefe do tráfico aqui na região. A impunidade é tão grande que ele não está nem aí. Se acha intocável. Tabatinga só tem seis agentes da PF, aqueles que estavam no aeroporto. E só fazem mesmo aquilo: revistar bagagens e carimbar passaportes. Se forem se meter com a máfia do Curica, morrem.

No dia seguinte gravamos imagens, e os policiais fotografaram Curica e algumas pessoas ligadas a ele esquiando e andando de moto aquática no rio. Os agentes eram apenas observadores, precursores de uma grande operação de combate ao tráfico de drogas, que seria desencadeada em todo o país dois meses depois. Nós nos separamos e fomos à procura de André Villas-Boas na sede da Funai, onde havia desespero entre os funcionários. Procurei saber o motivo da correria e do choro de algumas pessoas:

— Os índios prenderam André. Bateram nele com bordunas. Deixaram ele amarrado na beira do igarapé para os carapanãs [mosquitos] pegarem. Ele foi à aldeia avisar que o presidente da Funai não podia vir para a reunião marcada com os índios. Mais uma vez a reunião foi adiada. Os ticunas estão revoltados.

Todas essas informações passadas pela funcionária administrativa tinham como base o depoimento de um índio prestador de serviços, de nome Paulo, que havia levado o coordenador na canoa voadeira. O índio também estava com marcas de espancamento no corpo e havia retornado com um recado do cacique:

— Se o presidente da Funai não vier falar com ticuna, André vai morrer.

Eles queriam denunciar que os lagos em torno da aldeia estavam sendo invadidos por pescadores da cidade. Caçadores também agiam dentro das terras indígenas, usando armas de fogo. Era a terceira vez que o presidente da Funai faltava ao encontro com os ticunas. Resolvi que o resgate de André Villas-Boas seria nossa primeira matéria, antes mesmo de entrarmos na selva para procurar os laboratórios de cocaína.

Alugamos um barco maior para descer o Solimões e rebocamos uma voadeira com motor de popa para entrar no igarapé, que dava acesso à aldeia. O índio Paulo, o mesmo que estava com André, nos acompanhou. Por uma questão de segurança, deixei a equipe no barco maior, que ficou ancorado perto da entrada do igarapé, e fui apenas com Paulo, na canoa voadeira. Meia hora depois, chegávamos ao local onde ficavam as malocas. Parecia que toda a tribo nos esperava no alto do barranco.

Estavam com o corpo pintado, como se fossem para a guerra. Os homens tinham facões e bordunas nas mãos. Todos me olhavam de cara feia. Andei na direção deles e fui interceptado por um índio que falava português.

— Quem é você?

— Sou repórter da televisão.

— A gente não quer repórter de televisão aqui, não. A gente só fala com presidente da Funai.

Quando ele traduziu para os outros que eu não era quem eles esperavam, foi um auê! Eles urravam de raiva. Gesticulavam, gritavam, e os facões chegavam bem perto do meu rosto. A situação estava fora de controle. Os jovens eram os mais afoitos. Não adiantava falar, porque a minha voz era ofuscada pela gritaria. Percebi que o intérprete me defendia, evitando uma agressão direta. Se um deles acertasse uma paulada em mim, os outros repetiriam o ataque imediatamente. Foi isso que aconteceu com André.

Em situações como essa, não adianta correr ou demonstrar que está com medo. É preciso reagir, sem responder às agressões, procurar solução. E foi isso que fiz. Pedi ao intérprete para que todos me ouvissem. Eu queria apresentar uma solução para a denúncia de invasão das terras deles. Subi num pequeno tronco de madeira, para ficar um pouco mais alto, e falei pausadamente, olhando para todos, enquanto o índio traduzia. Primeiro, perguntei se ele sabia o que era televisão. Respondeu que havia estudado em Benjamin Constant e sabia o que era.

Pedi que ele dissesse a todos que eu tinha uma câmera no barco, que podia gravar as palavras de reivindicação do cacique, com ele traduzindo, para fazer a denúncia da invasão dos pescadores e caçadores. O que ele revelasse ia ser visto pelo presidente da Funai, possivelmente pelo presidente da República, por todas as autoridades do país. E poderia agilizar a marcação da visita que eles tanto queriam. O intérprete tinha liderança na aldeia e convenceu a maioria de que aquela poderia ser uma solução. Os mais exaltados não aceitavam, mas nesse momento entrou em cena a força das mulheres, esposas e mães, que acalmavam os mais bravos.

Quando deixaram que eu fosse buscar a câmera, resolvi que precisava ver o André, e então a gritaria recomeçou. Eu já estava com um pouco de moral e insisti que não sairia dali sem ver o coordenador da Funai. Tive que argumentar por mais de uma hora, até que os convenci de que não podiam fazer nada contra o refém. Eu afirmava que era contra a lei. A Polícia Federal poderia entrar na aldeia para resgatar o rapaz e usar a força contra eles. Mais uma vez as mulheres intercederam, e fui encontrar André jogado no chão de uma maloca escura, com o corpo todo marcado pelo espancamento. Mal conseguia abrir os olhos.

Tomei a decisão e falei para eles que ia levar o André. Usei de um certo exagero quando disse que ele ia morrer se não fosse levado para um hospital. Pedi que confiassem em mim. Já estava escurecendo, mas eu voltaria no dia seguinte. Prometi que falaria pela Rádio Nacional, que o intérprete ouvia na aldeia por um rádio a bateria, marcando com o presidente da Funai uma nova data para a reunião. Garanti que no dia seguinte voltaria com a câmera para gravar com o cacique.

Às nove da noite, consegui sair da aldeia com André, deitado na canoa. Fomos direto para o hospital. Liguei para o presidente da Funai e relatei tudo à minha maneira, sem meias palavras. Foi marcada a data da reunião. Confirmei tudo pela Rádio Nacional.

No dia seguinte, voltei à aldeia com o cinegrafista José Dantas, o Português. Os índios já estavam tranquilos. As grandes imagens da matéria seriam a do dia anterior, com aquela quantidade de facões e bordunas, no meio da gritaria, todos querendo partir a minha cabeça; e a nossa saída da aldeia, no escuro, carregando o refém até o barco. André Villas-Boas continua defendendo as causas indígenas até hoje, como secretário executivo do Instituto Socioambiental, em São Paulo.

Voltamos a Tabatinga dois meses depois, quando foi desencadeada a grande Operação *Eccentric*, em 1985. Nada menos de doze aviões foram apreendidos, e os chefões do tráfico, presos. Quem deu voz de prisão ao Curica, chefe da quadrilha na fronteira, foi um dos agentes que estava com a nossa equipe na primeira viagem. Tudo aconteceu de forma simultânea, numa ação orquestrada em todo o Brasil. Os laboratórios de refino de cocaína foram localizados e destruídos no meio da selva. As instalações dos traficantes sendo queimadas na floresta nos renderam belas imagens e muita ação.

Foram quatro gravações do *Globo Repórter* sobre a Operação *Eccentric*. Ernesto Paglia mostrou as prisões em apartamentos de alto luxo na Barra da Tijuca, no Rio de Janeiro, onde moravam os líderes do cartel de Cali. A querida Isabela Assumpção acompanhou a entrada da polícia nas mansões em São Paulo. Eu fiquei na Amazônia, e Glória Maria entrevistou a bela atriz colombiana Amparo Grizalez, que também fazia parte do cartel. Difícil era definir quem era mais bonita: Glória Maria, de cabelinho curto, ou a atriz. Naquela época, Glória era mesmo muito novinha! Tinha apenas quinze anos de Globo. Sempre foi linda! Certamente, ela vai me fazer ameaças de morte porque estou falando em idade, mas o nosso amor é eterno.

Em 2012, voltamos à terra dos ticunas, numa pauta proposta pelo produtor Chico Regueira. Encontramos escolas, uma igreja e índios andando de moto pelas comunidades à margem do rio Solimões. Uma vida aparentemente normal, se não fosse o uso de drogas e de bebidas alcoólicas. Jovens viciados bebiam até cair. As lideranças criaram uma milícia para combater o vício e a entrada de drogas. Os milicianos usavam até uniformes padronizados, mas encontramos muita gente bêbada na aldeia durante a noite. Como aquela é uma área de fronteira, o tráfico continua a existir, agora atingindo diretamente os índios. A denúncia foi feita no *Fantástico*. A matéria repercutiu muito, mas a polícia tem restrições e evita entrar nas aldeias. As lideranças criaram novas escolas e procuram uma solução para combater o vício e o envolvimento com drogas por meio da educação.

# Garimpos: ouro, malária e mortes

No início da década de 1980, começou a corrida do ouro na Amazônia. O destino: Serra Pelada, no município de Marabá, no Pará. Sessenta mil homens foram tentar a sorte no garimpo entre 1980 e 1986. No apogeu da exploração do minério, em 1983, foram retiradas catorze toneladas de ouro. Morriam de dez a quinze pessoas por dia, assassinadas ou vítimas de acidentes e da malária.

Milhares de homens escavaram a terra até abrir um buraco gigantesco, com mais de oitenta metros de profundidade. O abismo onde os garimpeiros arriscavam a vida em busca do ouro ganhou o nome de Babilônia, pela imponência. Os homens descendo as escadas, de barranco em barranco, pareciam formigas invadindo um formigueiro gigante. Voltavam com sacos de terra nas costas, pelas mesmas escadas amarradas umas nas outras. Na peneira do cascalho que vinha nos sacos, era extraído o ouro. As imagens cinematográficas de Serra Pelada correram o mundo.

A forma de comemorar o êxito na garimpagem era voltar para Marabá, fechar as boates onde predominava a prostituição, encher a cara de bebida, extravasar! Três agências de automóveis foram instaladas na saída do aeroporto da cidade. Garimpeiros que nem sabiam dirigir compravam carros novos à vista, batiam com os veículos e voltavam para comprar outros. Enquanto isso, o ouro era negociado clandestinamente na avenida Paulista, em São Paulo. Essa foi a primeira fase do garimpo em Serra Pelada, uma terra sem lei, que alimentava sonhos de riqueza e nos dava a chance de gravar belas matérias.

A segunda fase foi no auge do garimpo, quando houve a ocupação do governo militar. Sabíamos que a região do garimpo estava sob controle, sem a bagunça que havia anteriormente, mas os militares não assumiam abertamente que estavam no comando. Antes de visitar o garimpo na fase de ocupação dos militares, conheci o major Prado, do Exército, que nos acompanhou numa reportagem na Bahia, explorando uma caverna. Ele era espeleologista e havia participado do trabalho de demarcação da gruta. Convivemos por três dias, e ele foi entrevistado como personagem.

Quando cheguei com a equipe a Marabá, fui informado pelos pilotos que faziam a ponte aérea para o garimpo em pequenos aviões de que só poderiam nos levar até lá se o dr. Flávio, chefe do garimpo, autorizasse. Estranhei, mas segui as regras. Escrevi um bilhete à mão, numa folha de caderno, informando quem nós éramos e pedindo autorização. O primeiro piloto a decolar levou o bilhete. Mais de uma hora depois, outro piloto vindo do garimpo trouxe o bilhete de volta, com a autorização. Estava escrito no mesmo papel: "Autorizado! Dr. Flávio". Vi logo que ele não era doutor de coisa nenhuma. Ninguém assina o nome com a abreviatura de "Dr.", mas o importante era que aquele papel abria as portas do garimpo. Alugamos um aviãozinho e partimos.

Havia uma comitiva de recepção para nos levar à sala do doutor, com a recomendação de que a câmera tinha que permanecer desligada até o chefe autorizar a reportagem. Chegamos à sala de espera, onde outras pessoas também aguardavam. E, para nossa surpresa, o dr. Flávio era o major Prado. Podia até ter sido promovido a coronel, mas era a mesma pessoa, com o mesmo bigode, a mesma fala. Só que ele não assumiu:

— Major Prado, o senhor é o dr. Flávio?

— Eu não sou o major Prado. Sou o dr. Flávio.

— Formado em espeleologia? Porque nos conhecemos na caverna, na Bahia.

— Eu não conhecia o senhor pessoalmente. Só o vi algumas vezes na televisão.

Ele não criou nenhum empecilho para a reportagem. Foi gentil e até nos acompanhou nas gravações. Nos mostrou a mascote do garimpo, que ele apresentou como sendo a única figura feminina daquela fase de Serra Pelada: uma jiboia com mais de três metros, que recebeu o nome de "Odete". Todas as mulheres tinham sido expulsas do garimpo, e os homens não podiam mais sair com o ouro. O minério era entregue na pequena agência da Caixa Econômica Federal. Todos que saíam do garimpo eram revistados antes de entrar nos aviões. Nós também passamos pela revista. No fim do dia, quando estávamos para partir, eu chamava o dr. Flávio de major Prado e ele respondia.

Voltamos em 1991 para gravar o *Globo Repórter* em Serra Pelada, na fase da decadência. O imenso buraco escavado para retirar o ouro, com oitenta metros de profundidade, fora inundado pela chuva, e o sonho do ouro naufragou para cerca de 20 mil garimpeiros frustrados. Serra Pelada se tornou a maior favela da Amazônia. O Eldorado passou a ser reduto de miseráveis sonhadores.

Enquanto isso, no rio Madeira, em Rondônia, formou-se um novo garimpo totalmente fora da lei. Mais de 6 mil balsas e dragas, num percurso superior a cem quilômetros, sugavam a terra e a lama do fundo do rio com a ajuda de bombas. O cascalho era filtrado nas balsas, e, com o uso de mercúrio, encontravam o ouro. Ao mesmo tempo, jogavam noventa toneladas de mercúrio no rio Madeira, um dos mais importantes afluentes da bacia amazônica, que tem de um lado o Brasil e, do outro, a Bolívia. Isso facilitava a entrada da cocaína e a saída ilegal do ouro. Não havia fiscalização das autoridades, e o ouro era contrabandeado.

Perguntei a um dos chefes do garimpo qual a utilidade das varas que havia em quase todas as balsas. Ele respondeu que era para afastar os corpos humanos que desciam na correnteza do rio e encalhavam nas balsas. Aqueles homens eram assassinados para ter o seu ouro roubado. Não acreditei que a violência chegasse a tanto. Para comprovar, ele ordenou a um dos seus subordinados:

— Zezinho, leva o repórter com o motor de popa, rio abaixo, para mostrar os corpos que estão descendo hoje, inchados, boiando na correnteza. Mostra nas margens também, porque muitos encalham na garrancheira. Onde tiver urubu tem uma alma penada.

Não foi preciso ir muito longe para confirmar que era verdade. Zezinho, o barqueiro, deu mais detalhes:

— O cara bamburrou, achou o ouro, deu sorte, tem muita gente de olho nele. Tá vendo aquele corpo ali boiando? Pode olhar, que tem um buraco de bala na cabeça. Se der moleza, apagam o cara e tomam o ouro dele. Acontece muito quando vão levar a produção para vender em Porto Velho. Aqui a gente só sobrevive em grupo.

De volta à balsa, perguntei por que a polícia não intervinha. O chefe do garimpo respondeu na frente da câmera, sem nenhuma cerimônia, puxando um Magnum .45, como aqueles dos filmes de faroeste com o ator John Wayne. A diferença era que o revólver dele tinha o gatilho revestido de ouro. Com a arma na mão, ele disse:

— A lei aqui é essa. Todo mundo anda armado. Sempre com um berro ao alcance da mão. Só nessa área do rio tem mais de 2 mil balsas, e cada um tem que cuidar da própria sobrevivência. Polícia não entra aqui, não! Ali do outro lado do rio é a Bolívia. Se houver risco, é só passar para o lado de lá. Aqui ninguém tem nome, nem identidade. Aquele ali é Careca, o outro é Carioca, e ali estão Zezinho, Cheiroso, Tatu e Didi. A vida aqui não vale nada!

No nosso terceiro e último dia no rio Madeira, passando de balsa em balsa, mostrando todos os detalhes da extração do minério e ouvindo os depoimentos dos garimpeiros, eu já estava até me despedindo de um grupo quando, no meio deles, avançou um garimpeiro, apontou para mim e disse eufórico:

— Óia, o repórter tá com malária! Óia o olho dele como tá amarelo! Num tá sentindo dores no corpo, não?

Eu estava sentindo muitas dores, realmente, mas pensava que fosse gripe, porque havia dormido com o corpo molhado, numa rede, ao relento, onde os mosquitos fizeram uma festa à noite. Fui medicado ali mesmo. O garimpeiro meteu a mão pela bermuda imunda que vestia e retirou um saco plástico onde havia duas embalagens pequenas, uma com o ouro dele e a outra cheia de comprimidos de quinino. Ele receitou:

— É com isso aqui que a gente cura malária. Eu já tive malária mais de cem vezes. Aqui todo mundo já pegou, e o quinino é a cura. Quando você chegar na cidade, vão querer te dar remédio de farmácia. Não aceite, não. Malária se cura é com quinino, senão morre mesmo.

Diante da constatação, parti, iniciando uma longa viagem de volta para casa. Do garimpo para Porto Velho, depois Manaus e, no voo da madrugada, com escalas em Belém, São Luís e Fortaleza, até chegar ao Recife. Pedi à comissária de bordo para me acordar quando chegasse. Ela me cobriu com uma manta e cuidou de mim durante a viagem. O motorista do táxi ajudou a levar minha mala até o elevador do prédio onde eu morava.

Ainda na escuridão da madrugada, toquei a campainha e minha filha Marianne arrastou a mala para dentro do apartamento, porque eu não tinha mais forças. Estava com muita febre. Era um sábado, e dormi mais de 24 horas. Quando acordei, vi o meu cunhado Luciano Teixeira, que é o médico da família, aferindo a minha temperatura. Senti que estava vivo, foi uma boa reação:

— Oi, Luciano, peguei malária no garimpo. No bolso da minha calça tem um saquinho plástico com comprimidos de quinino.

Ele concordou que o remédio extraído de um vegetal da selva dava resultado na cura dos garimpeiros, e eu deveria continuar tomando o quinino, mas receitou outros medicamentos. Exigiu exames complementares, principalmente de sangue. Dois dias depois, ainda sentindo os efeitos da doença, eu já estava na redação para editar a matéria, onde mostrei as mazelas do surto de malária na corrida do ouro. Na reportagem não constava que eu também senti as consequências da doença que fazia o maior número de vítimas na Amazônia.

Foi no garimpo de ouro e cassiterita na terra dos índios ianomâmis, em Roraima, de 1987 a 1991, onde passamos as piores dificuldades. Fui dezenas de vezes à grande floresta para denunciar os crimes ambientais, a exploração de minério em área indígena, que é proibida por lei, e até a escravidão dos índios. Os garimpeiros faziam os índios trabalhar pra eles em troca de bebidas alcoólicas, farinha, lanternas, lantejoulas e outras bugigangas.

O pequeno aeroporto de Boa Vista era um dos mais movimentados do país. De lá partiam mais de quatrocentos aviões, diariamente, para 108 pistas clandestinas no meio da selva. A maioria dos aviõezinhos só tinha o banco do piloto. Os passageiros viajavam sentados no piso. Na hora de decolar, todos ficavam agrupados na frente, ao lado do comandante, ou não seria possível decolar. Muitas vezes partimos das pequenas pistas de terra, batendo na folhagem das árvores, em decolagens de perigo extremo. Aconteciam muitos acidentes, mas era a única forma de chegar e sair dos garimpos.

Denunciamos aquela atividade clandestina em dezenas de reportagens no *Jornal Nacional*. Fomos ameaçados inúmeras vezes, mas as denúncias continuaram. O ex-diretor da Polícia Federal, Romeu Tuma, que desencadeou a operação para acabar com as ações ilegais, nos recomendou deixar Roraima ou andar com seguranças armados. Não aceitei nada disso. Finalmente o Exército foi acionado e implodiu as pistas para salvar os ianomâmis e o meio ambiente. As imagens das explosões no meio da selva marcaram o fim do garimpo e também a conclusão do nosso trabalho de denúncia da exploração do ouro sujo de sangue.

# Grandes travessias

Nossa missão era realizar uma travessia do Atlântico ao Pacífico pelas piores estradas do continente. Na realidade, não havia estradas. No meio do caminho, atravessamos a fronteira, cruzando o rio Acre, com os carros passando por dentro da água, o que só era possível em tempo de seca. Hoje, no mesmo lugar, à altura da cidade de Assis Brasil, no Acre, há uma ponte que liga o Brasil ao Peru. Além da ponte, foi construída também uma estrada para vencer o trecho mais difícil da Amazônia peruana.

Nossa aventura aconteceu em 1998, quando não havia a ponte nem a estrada. Sugeri a pauta, propondo gravar duas edições do *Globo Repórter* durante a viagem. Sabíamos das dificuldades que íamos encontrar, mas os obstáculos foram bem maiores do que havíamos previsto.

Na frota da Globo não havia dois carros adequados para esse tipo de viagem. Não podíamos aceitar veículos adaptados para subir montanhas por estradas de terra e passar por todo tipo de atoleiros que não fossem da frota da empresa. O jornalismo não aceita nenhum tipo de merchandising. Era óbvio que os carros iam aparecer nas reportagens. Tivemos que seguir em dois utilitários, com mais de 90 mil quilômetros rodados cada um, sem a potência de motor necessária para vencer as adversidades do "rally" que iríamos enfrentar atravessando a Amazônia, a cordilheira dos Andes e o deserto, até chegar à extremidade oeste do continente sul-americano, no Pacífico.

Partimos do porto de Cabedelo, na Paraíba, onde está o marco do quilômetro zero da rodovia Transamazônica. Atravessamos os sertões em três estados nordestinos e fomos até o fim da linha, onde a floresta obstrui a estrada, que nunca foi concluída. Seguimos até onde os carros conseguiam chegar, porque a continuação do projeto da Transamazônica estava tomado pela selva, no município de Humaitá. Retornamos e subimos em direção à cidade de Santarém, no encontro dos rios Tapajós e Amazonas, no Pará.

Viajamos a noite inteira por estradas de barro, sem sinalização, para embarcar com os carros no catamarã *Amapá*, que transportava carga, veículos e passageiros entre Belém e Manaus. Aliás, só conseguimos o embarque porque Vânia Pereira Maia, diretora da TV Tapajós, afiliada da Rede Globo, segurou o catamarã no porto de Santarém por mais de duas horas, até que nós chegássemos.

Subimos o rio Amazonas, ainda a tempo de pegar o final da festa do Boi-Bumbá, na ilha fluvial de Parintins. Tive o privilégio de mostrar pela primeira vez na televisão, em rede nacional, a história dos bois Caprichoso e Garantido, em outro programa, quando ainda não havia o Bumbódromo, mas apenas arquibancadas de madeira, de um lado e do outro do grande "curral". A festa foi destaque no *Globo Repórter*, que mostrou a beleza e a rivalidade dos integrantes de cada um dos bois.

O Caprichoso e o Garantido fizeram apresentações exclusivas, cada um no seu terreiro, com as roupas do festival anterior. Voltei a Parintins no período da festa, e o Brasil inteiro ficou encantado com as imagens que foram ao ar no *Fantástico*, com a suntuosidade da maior festa folclórica e cultural da região Norte brasileira. Na travessia do Atlântico ao Pacífico, fizemos uma rápida passagem pelo festival, e o catamarã nos levou até Manaus.

Ainda não havia sido construída a ponte sobre o rio Negro para acesso à BR-319, que liga Manaus a Porto Velho. Fizemos a travessia do rio numa balsa. Mas o grande desafio era a estrada, que estava interditada havia mais de dez anos. Nada passava pela rodovia que constava nos mapas como asfaltada. Certamente desviaram as verbas, e a BR-319 ficou no barro, na lama, com as pontes de madeira quase todas destruídas. Os carros balançavam nas dezenas de pontes que tivemos que atravessar. Por sorte, eram veículos leves.

A floresta voltou a ocupar boa parte da estrada. Levamos três dias para transpor os oitocentos quilômetros até Porto Velho. Da capital de Rondônia, seguimos para a cidade de Assis Brasil, na fronteira, e enviamos de lá 38 fitas gravadas. Estava pronto para edição o primeiro *Globo Repórter* sobre a grande travessia.

Partimos para o segundo programa. Cruzamos a fronteira pelo leito do rio Acre com a água invadindo os carros. Enfrentamos toda a Amazônia peruana pelas trilhas da floresta. Parávamos à noite para dormir em redes, amarradas aos carros ou nas árvores. Nossa equipe era formada por Givaldo, Eduardo, o Doido e eu. Quatro viajantes e um destino: o oceano Pacífico.

Foram oito dias de sofrimento para atravessar a floresta. Não havia nenhum povoado no percurso. Só a grande floresta, de uma beleza fascinante. Depois de passar pela Amazônia peruana, surgiu a cordilheira dos Andes, com toda a sua suntuosidade.

Continuávamos em estradas de terra, agora subindo e passando a conviver com abismos impressionantes. Seguimos de uma montanha a outra, contornando os penhascos. Alcançamos mais de 5 mil metros de altitude e temperaturas abaixo de zero. Na matéria, mostramos imagens dos carros com os pneus a menos de vinte centímetros do abismo. Parávamos nos pontos mais íngremes para filmar e víamos dezenas de cruzes fincadas nos despenhadeiros, cada uma representando uma morte por acidente. Eram as piores estradas do continente.

Vencemos a cordilheira, atravessamos o deserto e chegamos à península de Paracas, no Pacífico, um local belíssimo, paraíso dos leões-marinhos. Estava concluído, com louvor, o segundo *Globo Repórter* da nossa travessia. Programamos a viagem de volta pela Bolívia, para não correr os mesmos riscos enfrentados nas montanhas peruanas. As estradas bolivianas também eram muito irregulares, até chegarmos à rodovia Pan-Americana. Entramos de volta no Brasil por Corumbá, capital do Pantanal em Mato Grosso do Sul, onde, mais do que nunca, me senti em casa, depois de 43 dias de viagem.

No ano seguinte, em 1999, seguimos para mais uma longa travessia. Dessa vez, na África. O objetivo era gravar dois programas na mesma viagem, atravessando o Zimbábue e Botsuana. Penetramos na imensidão das savanas dos dois países por estradas carroçáveis, seguindo a rota dos animais selvagens. Para se ter uma ideia da nossa jornada, numa curva da trilha, tivemos que parar e esperar cerca de meia hora, porque havia uma leoa deitada, dormindo esparramada no meio da estradinha. E não havia como passar ao lado dela sem correr o risco de furar um pneu nos grandes espinhos. A recomendação do guia foi:

— Temos que esperar o tempo que for necessário, sem irritar a fera, que pode se sentir ameaçada e avançar sobre o carro.

Era tempo de seca no Zimbábue, e os animais estavam morrendo de sede. O governo providenciou alguns abrigos com poços artesianos, equipados com bombas movidas a energia solar, que faziam a água jorrar permanentemente nos barreiros. Ali se concentravam exemplares de toda a fauna africana. Os bichos vinham de longe, atraídos pela água. Manadas de elefantes ocupavam quase toda a área dos reservatórios e não deixavam os mais frágeis se aproximar. Eu me lembro de uma fila de nove girafas que ficaram olhando para o barreiro, demonstrando quanto estavam com sede, mas os leões, elefantes e hipopótamos não deixavam que elas se aproximassem.

As zebras não tinham nenhuma chance. As gazelas, menos ainda. Até que a terra começou a tremer, como se estivesse trovejando. Era uma manada que, segundo os cálculos do guia, devia ser formada por mais de mil búfalos, num trote assustador em busca de água. Quando eles chegaram, até os "donos" do açude, os leões, elefantes e hipopótamos, abriram espaço. Na savana, sempre prevalece a lei do mais forte, de quem está em maior quantidade.

Chegamos ao rio Zambeze e fomos gravar no Parque Nacional Victoria Falls, onde está a mais ampla cachoeira do mundo, com cem metros de altura e 1.700 metros de um lado ao outro, entre o Zimbábue e a Zâmbia — desde 1989, Patrimônio Cultural da Humanidade, pela Unesco, considerada uma das Sete Maravilhas da Natureza. Mesmo a distância, nos molhamos com os respingos da imensa cachoeira, um dos lugares mais bonitos que já vi.

Outra grande queda-d'água, onde também gravamos o *Globo Repórter*, é o Salto Angel, na Venezuela. É a cachoeira mais alta do planeta, com um quilômetro de queda livre, formando um "véu de noiva" impressionante. Subimos de helicóptero ao lado da cortina de água e ficamos por uma semana acampados no alto dos Tepuis, as montanhas de arenito venezuelanas, onde foram gravadas cenas do filme de terror *Aracnofobia*. Vi o filme antes de viajar e confesso que todas as noites, antes de entrar na barraca para dormir, revistava tudo com a lanterna para ter certeza de que não havia nenhuma aranha assassina ali, mesmo sabendo que tudo não passava de uma fantasia do diretor Steven Spielberg. O Salto Angel também é Patrimônio da Humanidade.

Há três anos, montamos uma expedição pelo deserto do Namibi, entre Angola e a Namíbia, numa série de matérias para o *Fantástico*. Entramos na planície de 55 milhões de anos. Uma das pautas era localizar a aldeia das mumuilas, numa das regiões mais áridas do mundo, onde raramente chove. As mulheres ficam mais de seis meses sem lavar o cabelo. Usam uma pasta à base de derivados do leite de vaca e raspas de casca de árvore, que conserva o penteado em forma de tranças sem exalar odor. Elas são negras bonitas, que usam belos colares coloridos de cordas, adornos que jamais retiram do pescoço. Os homens vestem saias e têm até cinco esposas. Nada comparável ao sultão africano que encontramos em pleno deserto e rendeu uma matéria que não estava no nosso roteiro de pautas.

Paramos num pequeno povoado do lado angolano. Precisávamos comer alguma coisa e encontramos talvez o único "restaurante" que havia por ali. Ouvi quando um homem que estava na mesa perto da nossa afirmou:

— Homem é o Tchicuteno, que tem mais de quarenta mulheres e 150 filhos.

Pulei da cadeira e fui até a mesa do vizinho perguntar:

— É verdade? Existe um homem que tem 150 filhos?

Ele confirmou e me deu a rota para avançar no deserto e encontrar o povoado do sultão africano. Tchicuteno, com mais de sessenta anos, vivia com 43 mulheres e tinha 150 filhos. A prole aumentou nos dois dias em que permanecemos na comunidade: nasceram gêmeas, e o número de filhos subiu para 152. Ele tem o registro de todos, com os nomes das mães e as datas de nascimento. As mulheres vivem em harmonia, e ele tem uma casa só para encontros conjugais. A primeira mulher, que tem o nome de Eva e poder de liderança sobre as outras, é a parteira.

Pesquisei no *Guinness Book*, o livro dos recordes, onde constava que a maior família era de um indiano, com 34 mulheres e 94 filhos. Ou seja: nove mulheres e 58 filhos a menos que o sultão africano. Portanto, Tchicuteno era o verdadeiro recordista mundial. Já havíamos feito uma reportagem no sertão do Rio Grande do Norte com um homem que teve filhos com a mulher, com a sogra, com as cunhadas e, comentam, até com a vizinha. A história do velho conquistador sertanejo alcançou milhares de visualizações na internet. Mas nada se compara ao sultão africano que foi descoberto pela nossa equipe.

As matérias das mumuilas e do reprodutor Tchicuteno podem ser vistas na internet. Nessa mesma viagem, gravamos também as minas de diamante de Angola. Entramos nas fortalezas onde estão depositados os diamantes que, somados à produção de petróleo, são as maiores riquezas do país. Mostramos todo o processo de extração das pedras preciosas e voltamos com mais uma série completa para o *Fantástico*.

# Copas e Olimpíadas

Participei da cobertura de seis Copas do Mundo e duas Olimpíadas. A mais empolgante dessas coberturas foi a Copa de 1970, quando o Brasil se tornou tricampeão do mundo, ganhando definitivamente a Taça Jules Rimet, confeccionada em ouro, roubada treze anos depois no Rio de Janeiro e jamais recuperada.

Fui para o México, no início de maio, como único enviado do *Jornal do Commercio*. Acompanhei de perto toda a fase de preparação da nossa seleção, na cidade de Guanajuato, localizada no deserto, onde o time tinha sossego para treinar pela manhã e à tarde. O técnico Zagallo, que já havia ganhado dois mundiais como jogador (1958 e 1962), sempre ouvia os atletas e tinha liderança. Ele parava os treinos para conversar, orientar e definir a melhor forma de atuar. Em seguida, a equipe voltava a treinar e ensaiar jogadas, principalmente os lançamentos de Gérson para Jairzinho, as investidas de Pelé, o posicionamento da defesa com a proteção dos jogadores do meio de campo. Rivelino treinava sucessivas vezes a cobrança de faltas. Dava gosto acompanhar tão de perto a preparação daquele time de estrelas, o melhor de todos os tempos.

No intervalo de um jogo treino, na cidade de Irapuato, quando Pelé completou cem jogos pela seleção, os poucos jornalistas que participavam daquela fase de preparação estavam reunidos numa área reservada do estádio. Entre eles, o comentarista João Saldanha, que teve anteriormente o mérito de formar a equipe como treinador e não perdeu nenhuma partida das eliminatórias. Isso motivou um comentário malicioso do então repórter da Globo Juarez Soares:

— João, esse time que vai estrear na Copa é praticamente o seu. Com exceção do camisa 10!

Saldanha ficou irritado e pediu explicações:

— Como assim, por que exceção do camisa 10?

Juarez voltou à carga:

— Você não havia barrado Pelé, nos últimos amistosos, no Brasil? Andaram até dizendo que Pelé tinha problema na vista, que não estava enxergando direito!

O ex-técnico fez um relato completo, contando detalhes dos conturbados últimos dias da seleção no Brasil:

— Não é nada disso! Eu poupei Pelé em alguns momentos dos amistosos, não por problema de visão. Foi mais porque ele estava esgotado por ter que treinar e cumprir seus compromissos comerciais antes de partir para ficar quase dois meses aqui no México. Terminava o amistoso no Beira-Rio, à noite, já tinha um jatinho esperando para levá-lo a São Paulo pra gravar comerciais e até capítulos de novela. Ele estava tomando comprimidos pra se manter acordado. Precisava de uma fase de desintoxicação, que foi feita aqui, pelo médico da seleção. Por isso foi poupado. Essa história de problema de visão é balela. Ninguém enxerga o gol melhor do que ele. Pelé vai arrebentar na Copa!

Quando voltamos ao Brasil, já com a taça do tricampeonato, escrevi um artigo no *Diário da Noite* com o título PELÉ, TOXICÔMANO?. Contei exatamente a versão do João Saldanha, falando do trabalho de desintoxicação e a confirmação da previsão dele, de que Pelé iria arrebentar no Mundial, como de fato aconteceu. Mas os censores do período de governo militar não entenderam assim e foram até a direção do jornal, para criticar:

— Como é que num momento como esse, em que o governo e o povo estão pela primeira vez unidos, comemorando a grande conquista, sai um artigo desse, querendo diminuir o feito do maior ídolo da conquista?

Não era nada daquilo. Tratava-se de um simples artigo que narrava a mais pura verdade, que não diminuía em nada a glória da conquista do tricampeonato. Era apenas incompreensão. O editor-chefe Ronildo Maia Leite foi o meu defensor.

Pelé jogou tanto que os maiores lances da Copa foram os gols que ele não fez. O drible de corpo no goleiro do Uruguai, Mazurkiewicz. A cabeçada para o chão que proporcionou a defesa extraordinária do arqueiro inglês, Gordon Banks. E o chute do meio do campo contra a Tchecoslováquia, com a bola passando rente ao travessão. Fora os gols que marcou, as jogadas magistrais, os passes certeiros e a liderança em campo. Não existe ninguém como Pelé. O argentino Messi pode até chegar perto dele, mas só depois de ganhar pelo menos duas Copas do Mundo. No milésimo gol, eu estava no Maracanã, cobrindo a festa para o *Jornal do Commercio*. A Copa de 1970 foi a primeira a ser transmitida pela televisão em cores.

Em 1978, fui ao primeiro Mundial como repórter da Rede Globo. Minha sede foi a cidade de Rosário, onde eu tinha que acompanhar as equipes da Argentina e da Polônia. O exército portenho, em plena ditadura militar, fazia a segurança das delegações. Ninguém tinha acesso aos treinos dos poloneses, pois o esquema de segurança não permitia aproximação dos jornalistas, a pedido da equipe da Polônia. Todos os treinos eram secretos. Fui cobrado na reunião diária de pautas, por telefone, pelo diretor de esportes, Ciro José:

— E aí, Chico? Faltam três dias para o início da Copa do Mundo e ninguém vê nada da Polônia, que vai fazer o jogo de abertura com a Alemanha. Dá um jeito aí de mostrar o treino dos poloneses.

Era um desafio. No dia seguinte, a seleção da Polônia ia fazer o apronto no estádio do Newell's Old Boys, que estava passando por uma reforma nas arquibancadas e nas cabines de imprensa durante o recesso do campeonato argentino. Soube pelo vigia que todos os operários haviam sido liberados das obras, porque os militares iam ocupar o estádio no dia seguinte para montar o esquema de segurança do treino secreto. Contratei o vigia para me ajudar a construir uma cabine de madeira no local das obras. Dei uma boa grana para ele. No dia seguinte, logo cedo, antes de os militares chegarem, fui com o cinegrafista Newton Quilichini, da Globo de São Paulo, e pulamos o muro do estádio, amarrando uma escada de madeira na outra.

Dois repórteres, companheiros de cobertura em Rosário, Paulinho Senra e Renato Maurício Prado, do *Jornal do Brasil* e de *O Globo*, pediram para ir comigo. Pulamos o muro, um a um. Mas, quando fechei a cabine improvisada com pregos nas tábuas e passei a cola de sapateiro que havia levado, eles protestaram:

— Tá louco, Chico! Pra que essa cola? Não vamos suportar esse cheiro...

Argumentei que o exército devia fazer a vistoria no estádio, como sempre, levando os cães farejadores. Paulinho e Renato resolveram sair e ficar escondidos em outra cabine já construída, obviamente sem o cheiro da cola. Eu e o Newtinho ficamos, com lenços amarrados sobre o nariz. Quando os militares passaram, nem olharam para a nossa cabine improvisada, mas os cães logo encontraram meus amigos na outra cabine. Eles foram retirados do estádio.

A delegação polonesa chegou com tanta certeza de que não havia ninguém nas arquibancadas que os jogadores vestiram a roupa do treino ali mesmo, no gramado. Usavam só metade do campo e repetiam dezenas de vezes as mesmas jogadas, explorando a habilidade dos seus principais jogadores: Lato e Deyna. Pelas fendas entre as tábuas, que deixamos para posicionar a câmera, Newton Quilichini gravou as imagens inéditas. À noite, o vozeirão de Cid Moreira anunciou várias vezes:

— Você vai ver no *Jornal Nacional* as imagens exclusivas do treino secreto da Polônia! As jogadas ensaiadas para encurralar os alemães, campeões do mundo, no jogo de abertura do Mundial da Argentina.

Cobri a Argentina até a partida final, contra a Holanda, com os *hermanos* se tornando campeões do mundo. Nessa Copa, sofri restrições com relação ao meu sotaque nordestino, muito acentuado. Era uma fase em que predominavam na TV profissionais do Rio e de São Paulo. O regionalismo era uma raridade. E nordestino, então, uma novidade! Mas resisti e ganhei a minha independência. Queriam que eu falasse "Rôsário, Copa 78!", no encerramento das matérias. Os cariocas falam com o som fechado. Por exemplo: Ôlinda! Os nordestinos, com som aberto: Ólinda! A direção concluiu que o mais importante era o fato de que diariamente eu tinha um VT sendo aproveitado no *Jornal Nacional*. E mantenho minha maneira de falar, com sotaque nordestino, até hoje.

Quatro anos depois, na Espanha, fui à cidade de Valladolid, para acompanhar as seleções da França, do Kuwait e da Tchecoslováquia na fase eliminatória. O técnico do Kuwait era o brasileiro Carlos Alberto Parreira, que facilitou muito o nosso trabalho junto de uma delegação cheia de curiosidades. Havia um dromedário pastando nos jardins do hotel ocupado pela equipe. Era o mascote, que os jogadores pediram para acompanhar a seleção durante toda a permanência na Espanha. Um dia, cheguei cedo à concentração para saber de Parreira por que o time não ia treinar. Fomos surpreendidos por um canto fortíssimo, marcante, entoado como uma prece. Era o chamado à Oração do Islã, transmitido com muita emoção pelo goleiro Duailibi, líder espiritual da seleção. Pedi autorização e gravamos as imagens daquela impressionante demonstração de fé, com todos os componentes da delegação curvados, orando, mas ao mesmo tempo criando um dilema para o técnico Parreira:

— Como eu vou preparar o time para enfrentar a França se eles vão passar o dia rezando, sem se alimentar, porque hoje é o dia sagrado do Ramadã?

No dia seguinte, o time foi treinar na cidade de Tordesilhas, num amistoso contra uma equipe local. Parreira, antes de entrar em campo para dirigir o jogo, aproximou-se da nossa equipe com duas bandeiras e comentou:

— Vou entregar essas bandeiras ao *sheik*, que é o terceiro na hierarquia do Kuwait e presidente da nossa delegação. Vejam o que ele vai fazer!

O príncipe Fahid Al-Ahmed Al-Jaber Al-Sababe passou uma das bandeiras para um dos seus auxiliares e ele próprio foi bandeirar do lado do ataque do seu time. Não marcou nenhum impedimento, claro! Parreira apitava, assinalando as irregularidades, e ficava rindo. Foi esse *sheik* que, no dia do jogo, entrou em campo e anulou um gol legítimo da França. Eu estava perto dele. Foi inacreditável! O placar já estava em 3 × 1 para os franceses quando Giresse recebeu um passe de Platini e fez o gol sem nenhuma irregularidade, mas os jogadores do Kuwait ficaram parados, olhando para a cabine do pequeno estádio, onde estava o *sheik* fazendo sinais para que eles saíssem de campo.

A surpresa foi ainda maior quando Al-Sababe invadiu o gramado, cercado por seguranças, e foi questionar o juiz. Alegava que alguém havia apitado, por isso seus zagueiros pararam quando Giresse marcou o gol. E o resultado do tumulto foi a anulação do gol. Os jogadores franceses, com as mãos na cabeça, pareciam não acreditar no que estava acontecendo. Aliás, ninguém acreditava! Só nos restava rir daquela decisão absurda em plena Copa do Mundo. O juiz soviético reiniciou a partida com bola ao chão. Logo depois, o mesmo Giresse marcou o quarto gol, dessa vez pra valer. O placar ficou em 4 × 1, o resultado final de uma bela matéria.

No Mundial de 1986, voltei a cobrir a Argentina, com Diego Maradona se tornando o grande destaque. Nos jogos do Brasil, eu ia a Guadalajara para participar das transmissões. Sobrou para mim cobrir o carnaval dos franceses, no dia em que a seleção brasileira foi eliminada por eles. Não podia haver castigo maior. Em compensação, fiz a matéria do jogo entre Inglaterra e Argentina, em que Maradona eliminou o time da rainha com um gol de mão, que ficou conhecido como o gol da "mão de Deus". Para mim, deveria se chamar gol da malandragem. Uma verdadeira guerra foi declarada no estádio Azteca, com ingleses e argentinos brigando nas arquibancadas. Cobri também a grande final, com a vitória da Itália.

Em 1994, fiquei na Europa para fazer as matérias da Copa, nos países adversários do Brasil. Na Suécia, com o cinegrafista Paulo Pimentel, um dos meus melhores amigos, reconstituímos o roteiro da seleção brasileira campeã em 1958, no mundial realizado naquele país. Para lembrar a final em que o Brasil venceu por 5 × 2, entrevistamos o artilheiro sueco Agne Simonsson, autor do segundo gol. Ele se tornou fã de Pelé, que marcou um gol na partida decisiva, quando tinha apenas dezessete anos. Gravamos a reação da torcida sueca em mais uma vitória do Brasil a caminho do tetra.

Na Holanda, com o cinegrafista Luiz Demétrio, ficamos em Amsterdã e fomos hostilizados por torcedores no local da maior concentração para assistir ao jogo pelos telões. Gravamos a reação da torcida que considerava a seleção holandesa favorita. Eles bebiam muito. Quando o lateral Branco fez o gol de falta que classificou o Brasil, a "fúria laranja" saiu quebrando tudo. Jogaram uma caneca de chope na nossa câmera. Logo após o final da Copa, voltei às pressas ao Recife para narrar a chegada da seleção tetracampeã.

Na Olimpíada de Los Angeles, em 1984, acompanhei o treinamento de Joaquim Cruz, vencedor da medalha de ouro na prova dos oitocentos metros. Foi tão emocionante quanto os gols do Brasil nas Copas. Na semana do judô, fui para o ginásio sem nenhuma esperança de fechar um VT naquela modalidade olímpica. Os judocas brasileiros não eram favoritos. Surpreendentemente, lutando muito bem, Douglas Vieira chegou à final. Gritei pelo rádio:

— Vejam as imagens do ginásio em que o brasileiro vai ganhar ouro no judô.

Ele ficou com a prata. O futebol, com um time formado à base do Internacional de Porto Alegre, onde se destacavam Dunga, Mauro Galvão e o goleiro Gilmar, também ficou com a prata. Tive a honra de trabalhar diretamente com Galvão Bueno em todos os jogos de futebol.

Viajávamos juntos para a cidade de Palo Alto, em São Francisco, na Califórnia. O cinegrafista Daniel Andrade era o meu copiloto.

Em Seul, 1988, voltei a trabalhar com Galvão e também com Osmar Santos, que fazia sua estreia na Globo. Aprendi muito com esses dois narradores extraordinários. Eu já conhecia Seul, pois estive lá acompanhando o papa João Paulo II. Antes da chegada do mensageiro da paz, gravei na fronteira entre as duas Coreias, mostrando a linha divisória de Panmunjeom, onde os dois países estão em permanente clima de guerra. Acompanhei o papa também na Tailândia.

A Olimpíada de Seul foi marcada pelo escândalo de doping do canadense Ben Johnson, nos cem metros rasos. Ele passou de herói, após quebrar o recorde como homem mais rápido do mundo, a vilão, execrado por todos. Teve que devolver a medalha de ouro. O único ouro do Brasil foi no judô, com Aurélio Miguel. Eu cobria o futebol, com Tafarel, Bebeto e Romário no time que ficou mais uma vez com a prata. Para alguém como eu, repórter do interior que sempre amou os esportes, participar da cobertura de seis Copas do Mundo e duas Olimpíadas foi uma experiência inesquecível.

# Volta ao Jalapão

Um dos meus trabalhos mais recentes para o *Globo Repórter* foi a "Volta ao Jalapão". Há quinze anos, mostramos pela primeira vez na televisão esse belíssimo trecho do Cerrado, localizado no estado do Tocantins. Havia cachoeiras, muita fauna, imensas áreas desabitadas e um autêntico viveiro natural, com emas cruzando em bandos as estradinhas de barro. Nessa última visita, passamos pelos mesmos lugares e não vimos nenhuma ema. Fiquei sabendo pelos guias que a moda na região é caçar a maior ave brasileira em motos. Como elas não voam, apenas correm pelo Cerrado plano, os motoqueiros infratores seguem as emas e atiram nelas. É um abate motorizado, irresponsável e covarde, um crime que a fiscalização não está conseguindo impedir. Foi uma grande decepção para quem estava voltando ao Jalapão quinze anos depois do primeiro *Globo Repórter*, quando a natureza estava praticamente intocada.

O que não mudou no Jalapão foram as estradas. Continuam péssimas, carroçáveis. Há vestígios de corrupção e desvio do dinheiro público por todos os lados, o que não foge à regra, pois estamos falando de uma região localizada no coração do Brasil, bem perto da capital do país, onde os desvios de verbas estão enraizados.

Os turistas que pretendem conhecer o Jalapão devem embarcar sabendo que terão de engolir a poeira e o descaso para ver os lugares mais bonitos. Sou partidário de que, para visitar os refúgios da natureza, é necessário sofrer pra alcançá-los, mas não precisamos ouvir as histórias de que o prefeito de tal município foi embora com o dinheiro que era destinado à construção da estrada, que a verba foi desviada. Isso faz com que a gente termine se sentindo na área urbana, vendo o noticiário diário ou acompanhando as denúncias de Eduardo Faustini, no *Fantástico*, aos domingos, expondo a corrupção de prefeitos que desviam para o próprio bolso o dinheiro destinado às obras públicas. Quando na realidade tudo que queremos é curtir a beleza dos nossos paraísos naturais.

Na volta ao Jalapão, o que também chamou atenção foi o avanço da fronteira agrícola, com imensas plantações de soja, milho e eucalipto. Um dos cartões-postais da região, a Pedra Furada, monumento milenar de arenito de onde se tem uma visão panorâmica privilegiada, antes podíamos ver a beleza do Cerrado. Hoje tudo que se enxerga são plantações de eucalipto a perder de vista. E temos a impressão de que as áreas demarcadas para novos plantios são maiores que as já cultivadas. As reservas de proteção ambiental são infinitamente menores que as áreas destinadas ao desenvolvimento agrícola.

Em todo o Brasil, principalmente na Caatinga, na Amazônia, no Cerrado e na Mata Atlântica, é preciso questionar como essas terras são adquiridas por latifundiários, políticos e empresas. As áreas são cercadas e possuem escrituras lavradas em cartórios das pequenas cidades de forma não muito clara. Na maioria dos casos, essas terras, originariamente pertencentes à União, aos estados ou municípios, terminam nas mãos de grileiros, enquanto os ecossistemas são cada vez mais afetados, invadidos e destruídos.

Na serra Vermelha, no Piauí, uma área de mata nativa com 112 mil hectares estava destinada à produção de carvão. Pelo menos 70% dessa área imensa comprometida em um projeto com mais de mil fornos queimando a floresta. A imagem que gravamos do helicóptero mostrava a fumaça encobrindo parte da serra e centenas de fornos enfileirados produzindo carvão. Na entrada do projeto, havia uma placa que sinalizava apoio do Ibama e do governo do Piauí. Gravei para o *Globo Repórter*, ao lado dessa placa:

— O que vemos aqui é uma ironia com a natureza. O projeto que está transformando a floresta nativa em carvão tem o nome de "Energia Verde". Recebe incentivos fiscais do governo do Piauí e tem apoio do Ibama, o órgão responsável por combater os crimes contra o meio ambiente.

Depois da denúncia, o projeto "Energia Verde" que destruía a floresta nativa foi embargado, sob protestos do secretário piauiense do meio ambiente na época, que lutou abertamente para a manutenção das atividades da carvoaria. Entrevistamos no local o pesquisador da USP Luiz Fábio Silveira, que revelou ter realizado um estudo na serra Vermelha e constatava que ali existem espécies endêmicas e uma fauna diferenciada. Ele acrescentou ainda que os cientistas da USP haviam sugerido ao próprio Ibama transformar aquela área em uma reserva de preservação permanente, um parque nacional. Infelizmente, não há uma política viável de conservação do meio ambiente no país. Sempre ocorrem interferências políticas nos grandes projetos, como acontece com a construção das hidrelétricas em áreas que deveriam ser intocáveis.

Para constatar todas essas irregularidades, basta voltar ao passado, como nós voltamos ao Jalapão. Lá é possível sentir a fauna desaparecendo, os grandes desmatamentos e os ecossistemas alterados. Um exemplo flagrante desse descaso com a natureza é a "criação" do Parque Nacional do Catimbau, no sertão de Pernambuco, uma das áreas mais bonitas do país. Tudo que existe é a assinatura do ex-presidente Lula no decreto que formalizou a existência do parque. Fora isso, não há nem mesmo sinalização na área que deveria ser preservada. Um descaso total com o meio ambiente.

Há exceções, como a Reserva Biológica do Atol das Rocas, que considero o local mais bonito do Brasil. É a cratera de um vulcão extinto há milhares de anos, com três quilômetros de diâmetro, no meio do oceano Atlântico, onde vivem 150 mil aves e meia dúzia de pesquisadores que se revezam em estudos, na vigilância e na manutenção da vida marinha. O Atol já foi o ponto preferido da pesca no Nordeste, até que uma mulher valente assumiu a direção da reserva e expulsou os pescadores. Zélia Brito, a Zelinha, quando tinha apenas um pequeno barco inflável, enfrentava a rebentação das ondas, ia até os barcos de pesca e dava o seu recado:

— Isso aqui é uma reserva biológica, área de preservação máxima, onde a pesca é proibida por lei. Estou anotando o número de registro e o nome do seu barco; se houver reincidência, eu denuncio pelo rádio à Marinha do Brasil, e quando voltar para Natal o barco será apreendido.

Ela agiu assim dezenas de vezes. Foi ameaçada. Os pescadores falavam o nome do pai dela, que morava em Natal e "podia sofrer as consequências pelos prejuízos que eles tinham por abandonar o melhor pesqueiro de toda a região". Mas ela os enfrentou e acabou com a pesca na área da reserva. Quase perdeu o emprego quando a filha de um deputado do Rio Grande do Norte, recém-formada em biologia, disse ao pai que queria a direção da reserva biológica, sem nunca nem mesmo ter visto o Atol, a não ser pela televisão. Zelinha chegou a receber o comunicado da superintendência regional de que iria ser substituída no cargo pela filha do deputado. O presidente do Ibama, no início da década de 1990, Hamilton Casara, ficou sabendo da incoerência e cancelou a nomeação. A guardiã do Atol está há 25 anos mantendo a ordem nesse santuário da natureza.

A chefe da produção do *Globo Repórter*, Francesca Terranova, está organizando a nossa nona viagem ao Atol das Rocas, sempre com uma autorização de trabalho, porque as reservas biológicas são áreas de preservação e estudos. Não são abertas ao turismo. Eu voltaria lá quantas vezes fosse permitido. É o lado prazeroso da profissão, poder ir a lugares belíssimos, conviver respeitosamente com a fauna, curtir os mais encantadores recantos naturais.

Quero voltar também ao Parcel de Manuel Luiz, no Maranhão. Dezenas de navios bateram nas pedras do parcel, que ficam bem perto da superfície. Já visitei vários desses naufrágios, entre eles o transatlântico *Uberaba*, de origem alemã, que tinha o nome de *Henny Woerman* e, depois de capturado pela Marinha brasileira, na Primeira Guerra Mundial, ganhou o nome da cidade mineira. Afundou em Manuel Luiz com mais de mil pessoas a bordo. Nas sete vezes que fui ao parcel, mergulhei em vários naufrágios, mesmo assim quero voltar. É sempre bom ver como está a vida nos lugares por onde já passamos. Foi assim a nossa segunda viagem ao Jalapão, no 96º *Globo Repórter* de que participei. Em seguida, gravamos o 97º programa, na floresta alagada da Amazônia, que foi ao ar em setembro de 2016.

# Epílogo: Sem imagens, pouco valem as palavras

Você deve ter estranhado as citações de muitos nomes que não são conhecidos nem identificam personalidades famosas. Delé, Doido, CG, Rafa, Luiza, Almeida, San, Edison, Augusto, Quirino e tantos outros. Mas o objetivo de *40 anos no ar* é esse mesmo, homenagear personagens que são da maior importância na execução das reportagens mas permanecem anônimos, pois essa é uma profissão que depende da atuação de todos. É como uma equipe de futebol bem entrosada em busca de grandes vitórias.

Sem imagens, pouco valem as palavras. Sem o áudio, não vamos ouvir a narração da partida nem a comemoração da plateia. Sem iluminação, o espetáculo é cancelado. Se as peças do equipamento falham, precisam de um técnico para consertar. A tática do jogo vem da reunião de pauta. Se estamos falando do passado, temos que recorrer ao arquivo. Se planejamos o futuro, a produção entra em ação. Para mostrar um futebol bem entrosado, de toques de bola, bem objetivo, dependemos de um bom treinador, de uma boa finalização, de um conjunto perfeito.

A televisão é um exemplo de trabalho coletivo, como a atuação de um jogador, que depende da participação dos outros atletas. Se a bola não chegar ao artilheiro, não há como comemorar o gol. É um time em que todos podem ser goleadores. Em um minuto ao vivo, no ar, o repórter tem o domínio do jogo, mas uma equipe inteira é mobilizada para aquele momento, cada vez mais importante nas grandes coberturas e tão fundamental quanto a cobrança de um pênalti. Posicionar-se diante da câmera para transmitir a notícia é como entrar em campo para atuar com segurança e ganhar de goleada. E, a cada gol, a comemoração deve ser com a participação daqueles que contribuíram para a vitória, com um abraço, um aceno, um sinal positivo de apoio e reconhecimento, mesmo que o restante do elenco esteja fora do campo, atuando nos bastidores.

Para alcançar o sucesso é prioritário vestir a camisa do time e partir para o abraço, batendo com a mão direita no peito, extravasando o sentimento do coração. Nunca fui um atleta de subir ao pódio para receber medalhas. Sempre fui um peladeiro briguento, matuto do sertão, que lutou para vencer.

Se estou há quarenta anos no ar, fiz por merecer. Já atuei em várias posições, como um autêntico coringa, numa constelação de estrelas globais. Para mim é natural falar sobre futebol, estar no fundo do mar, no alto das montanhas, no interior da floresta ou na bancada de um debate político. Se pudesse optar, estaria sempre em contato com a natureza, voltando no final de cada missão ao aconchego da minha iluminada família, como quem marca um gol de placa, uma explosão de amor na minha vida.

## Créditos das fotos

### Capa
Antônio Henrique.

### Quarta capa
Edison Silva.

### Página 5
Lúcio Rodrigues.

### Caderno de imagens
Ana Clara Marinho: *33.*
Ana Flor: *23.*
André Pessoa: *27, 28, 29.*
Antônio Henrique: *34.*
Arquivo pessoal Francisco José: *1, 2, 3, 4, 5, 6, 8, 9, 10, 12, 13, 14, 15, 16, 17, 19, 21, 25, 26, 31, 32, 35.*
Fábio Borges: *37, 39, 40, 41.*
Globo/Renato Rocha Miranda: *42.*
Jorge Ghiaroni: *38.*
José Dilermando: *18.*
Pedro Luis: *7.*
Sabino Lima: *11.*
San Costa: *22, 24, 30.*
Zaira Matheus: *36.*

Todos os esforços foram feitos para reconhecer os direitos autorais e de imagem. A editora agradece qualquer informação relativa à autoria, titularidade e/ou outros dados que estejam incompletos nesta edição, e se compromete a incluí-los em futuras reimpressões.

Este livro, composto na fonte Fairfield,
foi impresso em papel Pólen Soft 80 g/m², na gráfica Lis.
São Paulo, novembro de 2016.